나는 직장에서도
크리스천입니다

The Gospel at Work
by James Sebastian Traeger and Gregory D. Gilbert

Copyright © 2013, 2018 by James Sebastian Traeger and Gregory D. Gilbert
Originally published by Zondervan, Grand Rapids, MI, USA.

Korean edition © 2015, 2025 by Word of Life Press, Seoul, Republic of Korea.
Published by arrangement with HarperCollins Christian Publishing, Inc. through
rMaeng2, Seoul, Republic of Korea.
All rights reserved.

이 한국어판의 저작권은 알맹2를 통하여 HarperCollins Christian Publishing, Inc.과
독점 계약한 생명의말씀사에 있습니다.
신저작권법에 의하여 한국 내에서 보호받는 저작물이므로 무단전재와 무단복제를 금합니다.

나는 직장에서도 크리스천입니다 (개정증보판)

© 생명의말씀사 2015, 2025

2015년 4월 10일 1판 1쇄 발행
2023년 4월 11일   2쇄 발행
2025년 9월 29일 2판 1쇄 발행

펴낸이 | 김창영
펴낸곳 | 생명의말씀사

등록 | 1962. 1. 10. No.300-1962-1
주소 | 서울시 종로구 경희궁1길 6 (03176)
전화 | 02)738-6555(본사) · 02)3159-7979(영업)
팩스 | 02)739-3824(본사) · 080-022-8585(영업)

기획편집 | 서보경, 유영란
디자인 | 이규리
인쇄 | 영진문원
제본 | 보경문화사

ISBN 978-89-04-16932-0 (03230)

저작권자의 허락 없이 이 책의 일부 또는 전체를
무단 복제, 전재, 발췌하면 저작권법에 의해 처벌을 받습니다.

나는 직장에서도
크리스천입니다

세바스찬 트레거, 그렉 길버트 지음
김태곤 옮김

**THE GOSPEL
AT WORK**

생명의말씀사

추천의 글

연봉과 명예만 좇는 세상의 직업세계에서 치열하게 하나님의 뜻에 부합하는 일과 직장을 고민해 온 크리스천들에게 이 책은 단비와 같은 시원함을 전해 주는 성경적 일터신학의 바이블이 되리라 기대한다.
두 저자는 직장 속에서 경쟁과 성과의 압박이 신앙의 가치를 시험하고 때로는 타협을 강요당하는 우리들에게, 직장은 단순한 생계의 터전이 아니라 하나님께서 주신 소명을 확인하고 실천하는 자리임을 다시 일깨워 준다. 일이 예배가 되는 삶을 꿈꾸는가? 이 책에서 해답을 찾기 바란다.

권수라 | 한양대학교 교수, 기독경영연구원 부원장

일하는 크리스천들이 "직장에서 하나님을 신뢰하고 계십니까?"라는 저자의 질문에 흔쾌히 대답할 수 있다면, 세상 속에서 빛과 소금으로서의 자연스러운 열매들을 기대할 수 있을 것이다.
직장이 곧 예배지이고 일이 곧 예배가 될 수 있기를 소망하는 성도들에게 이 책을 권한다. 이 책을 읽은 성도들이 나중에는 "전심으로 일하면서 하나님을 자유롭게 경배하고, 다른 사람들을 이기심 없이 사랑하며, 일을 통해 온전히 하나님을 신뢰한다"라고 고백하게 되기를 기대한다.

무엇보다 이 책을 목회자에게도 권하고 싶다. 목회자의 설교를 듣는 많은 성도가 월요일부터 금요일까지 삶의 대부분을 보내는 곳이 일터이기 때문이다. 일하는 가운데 겪는 갈등과 치열함에 진심으로 공감하고 이에 대한 성경적 대안을 제시하는 설교는, 세상 속에서 외면당하기 시작한 한국의 많은 크리스천에게 신앙적으로 꼭 필요한 부분을 채워 줄 수 있을 것이다.

김기석 | 한동대학교 교수, 한동전문인선교연구소장

신앙생활은 교회에서만 하는 것이 아니라 우리의 삶터와 일터에서 해야 한다. 우리가 믿고 고백하는 바가 우리의 실제 삶 속에서 검증되지 않고 교회 안에서만 보인다면 과연 그것을 진리라고 주장할 수 있겠는가. 게다가 우리 고백의 핵심은 예수가 모든 것의 주인이라는 것이다. 당연히 우리 삶의 대부분을 차지하는 직장에서도 예수 그리스도가 주인이시다.

이 책은 일터에 대한 근본적인 질문을 다루고 있어, 일하는 그리스도인들에게 더없이 좋은 길잡이가 될 것이다.

김형국 | 나들목네트워크 협의체 의장, 하나복DNA네트워크 대표

『나는 직장에서도 크리스천입니다』라는 제목을 처음 봤을 때 어깨가 무거워졌다. 왠지 직장에서 가식적인 웃음을 지어야 할 것 같고, 어려운 일은 혼자 다 떠맡아야 할 것 같은 느낌이랄까. 그런데 책을 읽을수록 "나는 직장에서도 대박 난 크리스천입니다"로 바뀌었다.
나는 직장에서도 도저히 못 할 것 같은 막막한 일을 맡았을 때 전지전능 하나님께 SOS를 할 수 있는 특권이 있는 크리스천입니다. 숨소리만 들어도 싫은 사람이 옆에 있을 때 나에게 사랑이 없음을 알고 나를 먼저 사랑하신 하나님께 사랑을 구할 특권이 있는 크리스천입니다. 나는 직장에서 정치적으로 휘말려서 정말 억울할 때 인생의 최종 심판자 되시는 하나님 아버지께 다 이야기할 수 있는 크리스천입니다. 써야 할 문서가 있지만, 깜빡이는 커서와 함께 아무 생각이 안 날 때 우선 눈 감고 지혜의 근본 되신 분께 기도할 수 있는 크리스천입니다.

나는 직장에서 최악의 실수를 했을 때, 나조차 나를 용서할 수 없을 때, 이미 그 일을 아시고 나를 용서하실 뿐 아니라 사랑하신 하나님으로 인해 견딜 수 있는 크리스천입니다. 결과를 알 수 없는 일을 맡아 심장이 쪼그라들 때 우리는 계획하나 결과는 하나님께 달렸다는 걸 알고 최선을 다했다면 자유로울 수 있는 크리스천입니다.

인생 대부분을 직장에서 보내는데 왜, 왜, 왜 직장에서는 하나님 도움 안 구하고 홀로 고군분투하냐고 안쓰럽게 여겨 이 책을 읽게 하셨을까. 상사에게도 매일 뭔가 물으면 귀찮아할 텐데 "나는 직장에서도 하나님께 초 단위로 물을 수 있는 크리스천입니다"라는 명제가 지친 직장인 영혼에 숨통을 틔워 주기를.

다들 직장에서 고생이 참 많습니다. 그러니 하나님을 불러 봅시다.

박신영 | 기획스쿨 이사, 「기획의 정석」 저자

이미 나와 있는 성경적인 직업관에 대한 책들은 신학적으로는 정확할지 모르지만 현실감이 떨어지는 경우가 많다. 그런데 이 책은 크리스천이 일에 대해 가져야 할 자세를 아주 현실감 있게 설명한다. 일 자체만 아니라 직장에서의 삶과 사역에 대해서도 두 저자의 실제 경험을 살려 매우 사실적으로 설명하고 있기에 많은 도움을 얻을 것이다.

방선기 | 전 이랜드(E.Land) 사목, 일터개발원 이사장

하나님은 우리의 생존 혹은 부요만을 위해서 직장을 주신 것이 아니다. 그분은 광야의 이스라엘 백성들도 만나로 먹이시며 40년간 하루도 굶기지 않으셨다. 성도는 일터로 보내시는 하나님의 뜻을 분명히 알고, 일터에서 그리스도인으로 사는 법을 알아야 한다. 삶의 현장과 복음이 분리되지 않고 하나님과 '함께' 일하며 하나님을 드러내는 일터가 되도록 안내하는 이 책을 한국 교회에 기쁘게 추천한다.

송태근 | 삼일교회 담임목사

아침에 출근할 때마다 "For the Kingdom!"을 외치며 회사 문을 열고 들어가지만 세상의 법이 지배하는 그곳이 하나님 나라가 되기에는 너무나 고달프고 힘들다. 일이 쉬울까 믿음이 쉬울까. 악마 같은 직장 상사를 섬기는 게 쉬울까 하나님을 섬기는 게 쉬울까. 복음을 전하는 것이 쉬울까 일하는 나 자신이 복음이 되어 버리는 것이 쉬울까. 직장을 변화시키는 것이 쉬울까 나 자신이 변하는 것이 쉬울까.
어려운 직장생활과 복음 이야기가 자연스럽게 연결되는 명쾌한 답이 여기에 있다.

한명수 | 전 SK플래닛 상무, 우아한형제들 CCO

나는 이 책을 한 문장씩 짚어 가며 정독했고, 제자훈련의 핵심 교재로 사용하기 위해 여러 권을 구입했다. 제대로 된 방식으로 제대로 된 질문을 묻고 답하는 실천적인 책이다. 일에 대해 개인적으로나 업무적으로 더 나은 기도를 하는 법도 알려 준다.

마크 데버 | 캐피톨 힐 침례교회 목사, 나인마크스(9Marks) 명예 대표

깊은 통찰과 값진 조언이 가득하다. 일터를 믿음의 장소로 회복하게 돕는다.

오스 기니스 | 『소명』 저자

이 책은 우리의 일을 삶과 하나님 나라의 관점에서 보게 하는 훌륭한 입문서다. 인생과 일의 굴곡을 경험해 본 일반적인 그리스도인으로서 세바스찬 트레거와 그렉 길버트는 '일'이라는 주제에 대한 깊은 통찰을 제시한다. 쉬우면서 배울 게 많다. 분명 당신을 더 나은 삶으로 이끌어 줄 것이다.

밥 돌 | 크로스마크 글로벌 인베스트먼츠(Crossmark Global Investments) CEO

이 책은 일에 대해 고민하는 누군가에게 내가 제공할 수 있는 최선의 조언이다. 직업의 목적과 의미에 관한 책일 뿐 아니라 삶의 성공을 얻는 법도 알려 준다. 두 저자는 일하는 크리스천 모두가 제기해 본 적 있는 물음에 탁월하고 실천적인 답을 제시한다. 바로 "그리스도인의 삶에 있어 일이란 무엇인가?"라는 물음이다. 만일 당신이 성공적인 삶을 원하며 자신의 일을 진정으로 즐기기 원한다면 이 책에서 말하는 원칙들을 깊이 새기라. 이 책은 지혜의 보화로 가득하다.

글로리아 S. 넬런드 | 트라이링크 글로벌(TriLinc Global) CEO

많은 그리스도인이 자신이 하는 일을 복음과 연관 짓지 못해 괴로워한다. 세바스찬 트레거와 그렉 길버트는 일이 무엇인지, 그것이 왜 하나님께 중요한지를 이해하기 위한 분명한 근거와 견고한 성경적 기초를 제시한다.
이 책은 일과 하나님의 나라를 연결하는 데 많은 도움이 될 것이다. 귀중한 책을 쓴 두 저자에게 진심으로 감사를 표한다.

R. 앨버트 몰러 Jr. | 켄터키 남침례신학교 총장

이 책에 들어 있는 개념들은 저자들의 이론이 아니라 그들이 살고 있는 현실이다. 두 저자 중 한 사람은 사업가이고 또 한 사람은 목회자다. 둘 다 일에 관한 성경적 가르침을 찾아내려고 애쓰며, 하나님의 눈으로 세상을 바라보는 법을 알려 준다.

J. D. 그리어 | 서밋교회 목사, 『복음본색』 저자

하나님은 우리를 일하도록 만드셨다. 서로 사랑하는 방편으로 일을 주셨다. 두 저자는 일에 관한 이 행복한 비전을 발견하여 책을 썼다.

이 귀한 책은 우리가 매일의 삶에 그것을 적용하도록 도와줄 것이며, 우리에게 이런 특권을 허락하신 하나님께 감사드리게 할 것이다.

콜린 핸슨 | 복음연합(TGC) 편집장

이 책은 자신의 직업을 통해 하나님께 영광 돌리는 법을 배우기 원하는 모두를 위한 현장 안내서다. 세바스찬 트레거와 그렉 길버트는 신앙과 일이 어떻게 연결되는지에 관한 일련의 물음들에 성경적인 답을 제시한다. 이 책을 읽고 나면 자신의 일터에서 복음으로 살아 낼 준비가 되어 있을 것이다.

O. S. 호킨스 | 포트워스 남서부침례신학교 총장

"우리는 왕이신 예수님을 위해 일하며, 이 사실이 모든 것을 변화시킨다!" 이것은 일에 관해 탁월하게 쓰인 이 필독서의 핵심이다. 우리의 직업은 반드시 필요하며, 하나님께 영광 돌리고 복음을 진전시킬 기회가 된다. 더 일찍 나왔어야 할 책이다.

대니얼 L. 에이킨 | 노스캐롤라이나 남동부침례신학교 총장

일터와 일에 관해 지혜롭고 진실하며 실천적인 대화를 나누기 위해 어떤 사람과 마주 앉아 있다고 생각해 보라. 이 책을 읽으며 그런 경험을 하게 될 것이다. 저자들은 이 책에서 실제 세계에서의 실천성과 성경에 근거한 충실함을 결합하고 있다. "그리스도인이라면 누구나 이 책을 읽어야 해요"라고 아내에게 말한 것이 이 책을 읽은 나의 소감이다.

조너선 리먼 | 나인마크스(9Marks) 대표

일이 필수적이면서도 고달픈 것임을 누구나 알고 있다. 하지만 일의 의미에 대해서는 어떨까? 어떤 이들은 일을 단지 더 높은 목표를 달성하기 위한 필요악으로 보며, 또 어떤 이들은 일을 삶의 궁극적인 목적이며 자신의 정체성을 찾게 해 주는 것으로 여긴다.

이 책에서 당신은 적절한 질문을 던지고 또 그 질문에 대한 답을 어디서 찾아야 하는지를 잘 아는 두 저자의 신중하고 노련한 안내를 받게 될 것이다.

저스틴 테일러 | 크로스웨이(Crossway) 출판 담당 부사장,
『예수의 마지막 일주일』 공동 저자

이 책은 직장인을 위해 직장인이 쓴 책이다. 사업가의 시각과 목회자의 시각이 결합되어 현장감 있는 실천 방법을 기록하고 있다. 직업에 관한 핵심 물음들에 답하는 과정에서 일의 목적을 규정하며 두 저자는 그리스도에 의해서만 제공되는 자유로 우리를 안내한다.

루 줄리아노 | 전 ITT 인더스트리즈(ITT Industries) 회장·CEO·사장, 워크포스 미니스트리즈(Workforce Ministries) 공동 설립자

이 책은 일에 대해 고민하는 많은 그리스도인에게 큰 도움을 줄 것이다. 치밀한 성경적 이해를 기반으로 하며 실천해 볼 적용거리가 가득하다.
자신의 일을 통해 하나님께 쓰임받는 법을 진지하게 고민하는 모든 이들에게 진심으로 추천하고 싶은 책이다.

윌리엄 테일러 | 세인트헬렌스 비숍게이트 교구 목사

세바스찬 트레거와 그렉 길버트는 '누구를 위해', '왜', '어떻게' 하는지에 대해 탁월한 설명을 제시한다. 그리스도께 충실할 것을 강조한 것이 고마웠다. 이런 새로운 시각 덕분에 나는 일에서 벗어나는 법이 아니라 일하면서 쉼을 얻는 법을 배우게 되었다.

헨리 캐스트너 | 소브린스 캐피털(Sovereign's Capital),
밴드위스(Bandwidth), 페이스 드리븐(Faith Driven) 공동 설립자

일은 제자훈련 그리고 예배와 연결되어 있다. 저자들은 이것을 일에 대한 성경적 이해의 핵심으로 본다. 이 책은 이론과 실천을 적절히 혼합하며 사무실, 건설 현장, 식당 등 각종 일터에서 복음을 적용하는 데 초점을 맞춘다. 여기서 제기되는 물음들은 그리스도인이 흔히 씨름하는 내용이다. 저자들의 답은 직장에서 영적 결실을 맺도록 도와줄 것이다.

댄 듀마스 | 레드 버펄로(Red Buffalo) CEO

나의 가족 니키, 알렉스, 웨슬리, 애널리!
그대들은 하나님이 이생에서 내게 주신
가장 큰 축복이자 기쁨입니다.
우리 삶이 더욱 더 왕이신 예수님을 위한 것이 되길 기도합니다.

세바스찬 트레거

조부모이신 랩프 길버트와 E. W. 서랫.
두 분은 영광이나 명성을 위해서가 아니라
영예로운 믿음으로 왕이신 예수님을 섬긴,
그분의 착하고 신실한 종이었습니다.

그렉 길버트

contents

- **추천의 글**
- **서문** 변질된 일의 의미를 복음이 회복시킨다   20
- **프롤로그** 일하는 크리스천에게 가장 중요한 질문   24

part 1 | '일하는 나'에 관한 진단과 처방

일의 의미와 동기를 왜곡시키는 양극단의 죄악을 복음 안에서 진단하고 처방한다.

1. 일이 열정과 숭배의 대상이 되진 않았는가?   40
2. 생계 수단으로 전락한 일을 마지못해 하진 않는가?   56
3. 일하는 생각과 방식을 바꾸는 복음   70
4. 성경이 제시하는 다양한 일의 동기   92

part 2 | 성경에서 발견하는 직업의 의미

크리스천 직장인이 맞닥뜨리는 질문들에 성경의 관점으로 답한다.

5. 어떤 기준으로 직업을 선택해야 할까?   114
6. 직장, 교회, 가정의 균형을 어떻게 맞출까?   130
7. 이윤을 추구하는 회사 일이 전임 사역만큼 의미가 있을까?   152

part 3	직장과 신앙의 접점 찾기

일터에서 복음으로 살며, 참된 소명의 여정을 시작하기 위한 지침을 제시한다.

8. 껄끄러운 상사와 동료를 대하는 법	172
9. 크리스천 CEO에게 제시하는 리더십	188
10. '업무적인' 직장에서 '영적인' 복음 전하는 법	202
11. 직업보다 더 큰 소명의 의미를 찾아서!	216

· **에필로그** 세상이 말하는 성공의 기준에서 자유로워지다	240
· **감사의 글**	248
· **부록 1** 크리스천 직장인으로 살기 위한 다섯 가지 지침	252
· **부록 2** 성경적인 일의 신학: 에덴동산에서 영광까지	262
· **부록 3** 직업, 열방을 위한 선교의 통로	280

서문

변질된 일의 의미를 복음이 회복시킨다

THE GOSPEL
AT WORK

만일 어떤 사람이 40년 동안 매주 40시간씩 일한다면 평생 8만 시간 이상을 일터에서 보내는 셈이 된다. 이 시간은 직업을 갖기 위해 학교에서 준비하며 보낸 수천 시간과 일하러 가기 위해 차, 비행기, 열차 등에서 보낸 수천 시간은 포함하지 않은 것이다.

따라서 교회에 맡겨진 가장 중요한 임무는 하나님이 세상에서 이루고자 하시는 궁극적인 목적과 일치하도록 매일 우리가 하는 일을 하나님의 말씀에 따라 이해하도록 돕는 것이다.

이를 위해 반드시 알아야 하는 사실은 하나님 자신이 일을 좋아하시며, 우리의 유익과 하나님의 영광을 위해 은혜로써 우리의 일을 계획하셨다는 것이다. 동시에 우리는 인간의 존엄성을 나타내는 노동이 인간의 부패함으로 얼마나 훼손됐는지 알아야 한다. 성취감을 주어야 할 일이 실망을 안겨 준다. 목적을 가져야 할 일이 의미를 잃어버린다. 이타적이어야 할 일이 이기적인 것이 된다.

그 결과 건강과 가족과 교회를 소홀히 할 정도로 일을 과대평가하거나, 은퇴 후 한가히 지내는 것을 미화하는 분위기 속에서 생계를 위하여 마지못해 일하며 일을 과소평가한다.

그러나 일을 이해하는 다른 방식이 있다. 이는 십자가에 달리신 그리스도의 사역(일)으로 인해 가능해졌다. 그리스도께서 친히 우리를 죄로부터 구원하셨고 우리 영혼을 만족하게 하셨으며 우리 일을 의미 있게 하셨다. 이제 우리는 전심으로 일하면서 하나님을 자유롭게 경배하고 다른 사람들을 이기심 없이 사랑하며 온전히 하나님을 신뢰한다.

복음은 일상적인 일에 중요한 의미를 부여하고, 지구상의 모든 고용인과 고용주들에게 가장 높은 목적을 제시한다. 어떠한 표현도 모자랄 만큼 매우 기쁘고 열렬하게 이 책을 추천하는 것도 바로 이 때문이다.

책을 읽자마자 '일하는 모든 성도들이 이 책을 읽으면 좋겠다'라는 생각이 들었다. 사업가와 목회자인 두 저자가 성경적인 근거와 삶의 현장을 절묘하게 연결시키기 때문이다. 어떤 분야에서든 복음의 진전을 위해 하나님의 인도를 따라 열심히 일하는 이들이 삶의 현장에서 하나님의 영광을 드높이는 데 이 책이 사용되기를 바란다.

데이비드 플랫

(타이슨스 맥린바이블교회 목사, 『래디컬』 저자)

프롤로그

일하는 크리스천에게 가장 중요한 질문

만일 당신이 대부분의 사람들처럼 살아가고 있다면 많은 시간을 직장에서 보내고 많은 시간을 일에 대한 생각으로 보내고 있을 것이다. '다음엔 무엇을 해야 하지?', '어떻게 하면 이윤을 극대화할까?', '문제를 어떻게 해결하지?' 이런 생각들로 말이다.

때로는 효율성이 아니라 직업의 의미에 관해서도 생각할 것이다. '왜 내가 이 일을 하고 있지?', '매일 일하는 목적이 무엇일까?', '나는 계속 이 일을 하고 싶은 걸까?', '이 직업이 내 삶을 더 나아지게 할까 아니면 나빠지게 할까?', '이것은 가치가 있는 일일까?' 모두 좋은 질문이다. 그러나 만일 당신이 그리스도인이라면 더 중요하게 물어야 할 것이 있다. 당신의 삶을 위한 하나님의 뜻에 당신의 일이 부합하는가에 관한 물음이다.

'그리스도인의 삶에서 일의 의미는 무엇일까?', '어떻게 하면 일을 단지 의식주를 마련하기 위한 수단으로 바라보지 않고 예수님의 제자답게 내 일을 할 수 있을까?', '내가 하는 일이 나의 성품을 경건하게 이끌고 있는가?', '제품과 서비스를 제공하는 일에 가족의 생계를 꾸리는 것 이상의 의미가 있을까?', '하나님이 우리에게 이토록 많은 시간을 일하게 하시는 이유는 무엇일까?' 하는 물음들 말이다.

교인들이나 친구들과 대화를 나누다 보면 일의 의미나 목적에 관한 관심이 드러난다. 그들은 매주 40여 시간씩 하는 일이 하나님의 뜻에 어떻게 부합하는지를 알고 싶어 한다. 자신의 삶과 세상을 향한 하나님의 큰 계획 안에서 일이 어떤 목적을 지니는지 알고 싶어 한다. '삶에서 이토록 많은 시간과 정신적 공간을 차지하며 나를 실망하게도 하고 기쁘게도 하는 직업이 과연 무슨 의미가 있을까?'

우리의 직업은 창조와 죄, 구속이라는 더 큰 이야기와 연관된다. 하나님은 우리의 직업을 위한 목적을 가지고 계신다.

우리의 일은 더 큰 이야기와 연관된다

일은 죄의 결과가 아니다. 사람이 일하는 것은 태초부터 하나님이 의도하신 바였다. 하나님은 아담과 하와를 만드신 순간부터 그들에게 할 일을 주셨다. 동산을 만든 후에 "그것을 경작하며 지키게"(창 2:15) 하셨다. 아담과 하와는 맡겨진 일을 하며 즐거워하고 성취감을 얻었다. 생각 없는 고역, 치열한 경쟁, 허무가 전혀 없었다. 하나님과의 온전한 관계 속에서 그분을 섬기며 모든 일을 행했다. 그들의 일은 하나님의 넘치는 축복을 거두는 것일 뿐이었다.

그러나 아담과 하와의 죄가 상황을 변화시켰다. 그들이 하나님의 명령에 불순종하고 반역했을 때 일은 더 이상 하나님의 풍성한 축복을 거두는 것이 아니었다. 그들의 죄와 하나님의 저주가 토양에 영향을 미쳤다. 아담과 하와는 생존을 위해 반드시 일해야 했고, 일은 고통이 되었다. 한때 넘치도록 풍성한 결실을 내주던 땅이 이제는 인색해졌다. 땅이 풍성함을 허락하지 않았기에 사람들은 힘겹게 일해야만 했다. 에덴 동쪽의 삶은 에덴에서의 삶과 완전히 달랐다.

성경에 적힌 이 이야기는 일이 크고 작은 실망을 안기는 이유를 설명하고 있기 때문에 매우 중요하다. 일이 힘든 이유는 하나님을 반역한 결과로 우리와 주변 세상이 영향을 받았기 때문이다. 그래서 때로는 일이 힘들고 고통스럽다는 사실이 놀랍지 않다. 일은 우리를 지치게도 하고 큰 실망을 안기기도 한다. 일을 즐길 때에는 그 일에 온통 삼켜질 위험이 있다. 우리 마음이 일에만 쏠리면 일하는 사람 외에는 아무것도 아닌 존재로 전락시킬 수 있다.

일은 필수적이고 힘들며, 심지어 위험하다. 그럼에도 하나님은 직업에 대한 우리의 생각과 태도에 여전히 깊은 관심을 보이신다. 그분은 우리가 무슨 일을 어떻게 하는지에 관심을 가지신다.

자기 백성을 구속하기 위해 십자가에서 죽으시고 다시 살아나신 예수님은, 사람들이 성령의 능력으로 예수님을 더욱 닮아 가도록 하셨다. 그분은 우리의 직업을 포함한 삶의 모든 상황에서 그렇게 하신다. 직업은 우리가 예수님을 더욱 닮아 가도록 하나님이 사용하시는 주요 방편들 중 하나다. 일을 통해 우리를 거룩하게 하시고 그리스도를 닮은 성품으로 다듬어 가신다. 또 일을 통해 마지막 날에 안식할 때까지 그분을 더 많이 사랑하며 더 잘 섬기도록 우리를 가르치신다.

신약성경은 우리가 일에 대해 어떻게 생각해야 하는지 여러 번 언급한다. 하나님의 구속 계획 속에서 우리의 직업과 일이 갖는 목적에 대해 이해하려면 다음 성경 구절들에 주목하자.

에베소서 6장 5, 7절에서 사도 바울은 "성실한 마음으로 … 그리스도께 하듯 하라 … 기쁜 마음으로 섬기기를 주께 하듯 하고 사람들에게 하듯 하지 말라"라고 당부한다. 그리고 골로새서 3장 22-24절에서는 "오직 주를 두려워하여 성실한 마음으로 하라 무슨 일을 하든지 마음을 다하여 주께 하듯 하고 사람에게 하듯 하지 말라 … 너희는 주 그리스도를 섬기느니라"라고 말한다.

얼마나 놀라운 말씀인가! 직업에 대한 성경 말씀을 더 곰곰이 생각해 보라. 무엇을 하든지 사람에게가 아니라 주께 하듯 해야 한다. 육신의 상전을 위해서가 아니라 주를 위해 마음을 다하여 일해야 한다. 이 말씀들은 너무나 의미심장하다. 일은 단지 시간을 보내거나 돈을 벌기 위한 방편이 아니다. 우리는 일을 통해 사실상 주님을 섬기는 것이다.

당신의 직업이 무엇이든 어떤 일을 하든 당신의 상사나 고용주가 누구든, 당신은 직장에서 하는 일을 통해 왕이신 예수님을 섬긴다. 그분이 당신을 그 직장에 배치하셨다. 궁극적으로 당신은 그분을 위해 일한다.

왕이신 예수님을 위해 일하고 있다는 사실이 모든 것을 변화시킨다

이것이 바로 이 책의 핵심 개념이다. 무엇을 하든지 궁극적으로 왕을 위해 하기 때문에 당신의 직업은 본래의 목적과 의미를 지닌다. '누구를 위해 일하는가'가 '무엇을 하는가'보다 더 중요하다.

하지만 세상은 그렇게 말하지 않는다. 일에서 성공을 거둘 때만 삶의 의미를 찾을 수 있다거나 일이란 여가의 즐거움을 얻기 위한 도구일 뿐이라고 말한다.

그런 식의 생각은 모두 거짓이다. 우리는 직장 상사 위에 계신 분, 바로 예수님을 위해 일한다. 이것이 일에 대한 가장 중요한 사실이다. 우리가 주부든 은행원이든 정치인이든 건설 노동자든 바리스타든 회사 중역이든 예수님을 위해 일한다는 사실이 직업 그 자체보다 훨씬 더 중요하다. 무슨 일을 하든지 간에 우리는 예수님께 영광을 돌리기 위해 한다.

이 중요한 개념을 명심하면 일에 대한 생각이나 일하는 방식이 변할 것이다. 왜 그럴까? 예수님께 영광을 돌리는 것이 우리의 주된 동기일 때 어떤 일이든 상관없이 우리의 일은 예배 행위가 되기 때문이다. 그럴 때 우리는 자신의 일이 아무런 의미나 목적도 없다는 생각에서 벗어나게 되고, 자신의 일이 '궁극적'인 의미를 지녔다는 생각에서도 벗어난다.

나아가 우리는 자신의 직업과 예수님의 제자로서 갖는 정체성 간의 연관성을 새롭게 발견한다. 오전 아홉 시부터 오후 여섯 시에도 그리스도의 제자라는 정체성을 내려놓지 않는다. 오히려 우리의 일은 주의 제자 됨과 주를 향한 사랑을 표현하는 주요 방편들 중 하나가 된다.

일이 중요하다는 사실에 그 누구도 반박하지 않는다. 하지만 '왕이신 예수님을 위해' 일하는 것이 더 중요하다. 이에 관한 자각은 매일 자신의 일에 대한 동기 부여가 되며, 직장에서 마주치는 힘든 상황들에 대한 실제적인 대답이 된다.

뿐만 아니라 자신의 일을 적정한 자리에 두게 한다. 각각의 일에 의미와 목적이 있지만 결국에는 모두 예수님을 섬기기 위한 것이므로, 일이 그분과 경쟁 관계에 놓여서는 안 된다. 우리의 일은 중요하다. 하지만 그 일을 왕이신 예수님을 위해 한다는 사실이 무엇보다 중요하다.

나태함과 우상숭배, 일에 관한 거짓된 생각들

왕을 위해 일한다는 사실을 명심하며 매일 그런 태도로 일하기란 쉽지 않다. 직업에 대해 경건한 관점을 유지하기보다 그릇된 생각으로 빠져들기가 훨씬 더 쉽기 때문이다. 우리는 자신의 직업에 대해 불평하거나 일을 게을리할 때가 종종 있다. 반대로 자신의 삶을 온통 일에 바치고 가족과 교회, 심지어 영적 건강에도 소홀할 때가 있다.

직업과 관련하여 우리가 직면하는 죄악들은 두 가지로 압축된다. 우리는 직업을 '우상'으로 섬길 수 있다. 그러면 일이 열정과 에너지와 사랑의 주요 대상이 된다. 반면 우리는 일에 대해 나태해질 수도 있다. 일 가운데서 하나님의 목적을 보지 못할 때 우리는 그것에 소홀해지기 쉽다. 그래서 일에 별 관심을 두지 않거나 주를 섬기듯 일해야 하는 책임을 회피한다.

불행하게도 우리 사회는 일을 삶의 중심에 두는 사람들 혹은 자신의 삶에서 그것을 완전히 밀어내는 사람들에게 찬사를 보내는 경향이 있다. 하지만 둘 다 함정이다. 우상숭배와 나태함은 하나님이 원하시는 직업관에서 완전히 벗어난, 치명적인 오해의 산물이다.

나태함과 우상숭배에 대해서는 뒤에서 더 상세히 살펴볼 것이다. 여기서는 둘 다 왕이신 예수님을 위해 일해야 한다는 성경적인 개념과 맞지 않는다는 점을 인식하는 것으로 충분하다.

왕께서 친히 우리에게 일을 맡기셨고, 이 일을 통해 우리가 그분을 섬긴다는 사실 앞에서 어떻게 나태해질 수 있겠는가? 어떻게 아무런 목적과 의미도 없이 일할 수 있겠는가? 만일 그분을 위한다면 어떻게 건성으로 일하면서 만족할 수 있겠는가? 왕을 위해 일할 때 게을러서는 안 된다.

반대로 우상숭배에 빠져서도 안 된다. 만일 일이 왕을 섬기며 경배하기 위한 방편이라면 우리는 일을 삶의 중심에 두려는 유혹에 맞서 싸워야 한다. 우리의 헌신을 받기에 합당한 대상은 직업이 아니라 예수님이시다.

읽기에 앞서

나[1]와 그렉은 사업장과 교회에서 일해 왔다. 나(세바스찬)는 남편, 아버지, 교회의 성도, 평신도 리더일 뿐만 아니라 종업원, 전문 경영자, 기업주라는 경력을 가졌다. 그렉 역시 이런 일들을 해 왔고 지금은 목회자로 섬기고 있다.

우리 둘은 앞에서 제기한 물음들과 씨름하며 세속적인 세상에서 왕이신 예수님을 섬기는 신실한 일꾼으로 살아가기 위해 말씀을 깊이 묵상해 왔다. 우리는 이 물음들을 고민해 온 사업가와 목회자로서 몇 가지 유익한 생각을 독자와 함께 나누길 원한다. 이 책을 쓴 것은 우리 역시 복음을 일에 적용하는 방법을 끊임없이 되새겨야 한다고 느꼈기 때문이다.

이 책은 신학서가 아니다. 일에 관한 성경의 모든 가르침을 고찰하거나 그리스도인들의 모든 질문에 대답하기 위한 책이 아니다. 우리가 굳이 다루고 싶지 않았던 어려운 신학적 주제들도 포함되어 있지만 이 내용으로 인해 실망하지 않기를 바란다. 왜 하나님이 우리에게 할 일을 주셨는지, 일에 대해 어떤 그릇된 생각을 가질 수 있는지 좀 더 분명하게 밝히려는 것이기 때문이다.

---

[1] '나'라는 표현으로 이야기를 전개하는 경우에는 우리 중 누가 이야기를 풀어 나가는지 밝힐 것이다.

우리는 이 책이 우상숭배와 나태함에 빠지지 않고 일을 통해 왕이신 예수님을 섬기는 성경적인 관점을 확립하는 데 도움이 되기를 바란다. 1부에서는 일에 대한 우상숭배와 나태함을 자세히 들여다보며 예수님을 위해 일한다는 성경적인 이해가 이 죄악들에 어떻게 대처하는지 살펴볼 것이다. 2부와 3부에서는 이런 성경적인 사고방식을 실제적인 물음들에 적용할 것이다.

당신이 왜 이 책을 선택하게 되었는지 우리는 모른다. 서문을 읽고서 "그래, 내가 일을 우상으로 섬겨 왔어" 혹은 "바로 내 얘기야", "나는 나태함에 빠져 있었어", "하나님의 관점을 이해하지 못했어"라며 혼잣말을 할지도 모른다. 당신은 초신자로서 예수님 안에서 얻은 새 삶이 자신의 일터에서 어떻게 드러나야 하는지 고민할 수도 있다. 아니면 이와는 전혀 다른 동기를 지녔을 수도 있다.

불경건한 세상 가운데 그리스도인으로서 일하며 어떤 고민을 하든지 이 책에서 제시하는 핵심 개념이 일의 목적과 의미를 파악하는 데 도움을 주기 바란다. 혹시 '하나님은 내 일에 별 관심을 두고 있지 않아'라는 그릇된 생각을 가지고 나태하게 살고 있지는 않은가? 만약 그렇다면 이 책을 통해 당신이 왕이신 예수님을 위해 일하며, 당신의 일이 너무나 중요하다는 사실을 깨닫기 원한다.

아니면 혹시 '일은 삶에서 가장 중요한 것이고 궁극적인 만족을 주는 열쇠야'라고 생각하고 있지는 않은가? 이런 생각은 우상숭배로 이어질 수 있다. 우리는 이 책을 통해 당신이 일을 우상으로 섬기지 않으며, 유일하고 참되신 하나님을 섬기는 방편으로 여기게 되기를 바란다.

무엇보다 우리는 당신이 일터에서 주 예수 그리스도의 목적을 추구하는 가운데 그분에 대한 사랑과 지식이 더 풍성해지기를 간절히 기도한다.

+ 더 생각해 보기

각 장의 말미에는 해당 장에서 다룬 내용을 더 깊이 생각해 보도록 인도하는 성경 구절들(본문 흐름과 동일)과 몇 가지 질문을 제공하고 있다. 친구나 소그룹 사람들과 책을 읽어 나갈 때 활용하도록 마련되었다. 이 여정에 함께할 수 있는 사람을 떠올려 보라. 서로를 신뢰하며 솔직하게 생각을 나눌 수 있는 사람들의 존재는 귀중하다.

잠언 기자는 다음과 같이 썼다. "의로운 입술은 왕들이 기뻐하는 것이요 정직하게 말하는 자는 그들의 사랑을 입느니라"(잠 16:13), "친구의 아픈 책망은 충직으로 말미암는 것이나 원수의 잦은 입맞춤은 거짓에서 난 것이니라"(잠 27:6). 진리를 말하며 사랑으로 책망해 줄 수 있는 사람을 찾으라.

part 1
'일하는 나'에 관한 진단과 처방

일의 의미와 동기를
왜곡시키는 양극단의
죄악을 복음 안에서
진단하고 처방한다.

1. 일이 열정과 숭배의 대상이 되진 않았는가?

THE GOSPEL
AT WORK

일을 우상으로 섬겨 왔음을 내(세바스찬)가 처음 자각했던 때를 기억한다. 그때는 내가 직업상의 정점을 통과한 직후였다. 한 친구와 회사를 운영하기 시작했고, 수년 동안 우리는 온 정신과 체력을 회사에 쏟아부었다. 회사는 승승장구했다.

5년간 노력을 이어 오다가 여러 이유로 매각을 결정했다. 한 그룹이 여러 해 동안 매각을 권유했지만 우리는 정중히 사양해 왔다. 그런데 이제 적절한 때가 온 것 같았다. 매각 협상이 여러 달에 걸쳐 진행되었다. 변호사와 회계사의 공인을 받는 마지막 단계를 거쳐 마침내 거래가 성사되는 순간이 왔다.

지금도 그 순간이 기억난다. 나는 캘리포니아 애너하임에 있었고 파트너는 워싱턴 D.C.에서 사인하는 과정을 나에게 알려 주기 위해 수시로 전화했다. 그가 서류들을 꼼꼼히 읽어 주면 내가 세부 사항에 대해 몇 가지를 질문했다. 그 후에 그가 서명한 서류들을 팩스로 보냈다. 드디어 우리 회사의 소유권이 다른 사람에게로 넘어갔다. 굉장한 날이었다!

동시에 내 삶의 새로운 시작이 열린 날이기도 했다. 매각의 흥분이 가라앉자 우리에게는 새로운 현실이 닥쳤다. 나는 다른 할 일을 찾아야만 했다. 하나님은 나 자신에 관해, 일을 대하는 태도에 관해 새로운 무언가를 가르치려 하셨다. 하나님이 나를 어떤 직업으로 인도하실지 기대하면서 나는 낙관적이고 열정적인 마음으로 주위를 돌아보기 시작했다.

정말 오래도록 찾았지만 문들은 굳게 닫혀 있었다. 어딘가에 지원할 때마다 거절당했다. 전화로 거부당했고, 이메일을 보내도 답신이 없었다. 여러 달 동안 이리저리 찾다가 결국 지치고 말았다. 하나님이 나를 어딘가로 인도하고 계시다고 믿었으나 내가 결코 바라지 않은 방향으로 이끌려 갔다.

나는 실업이라는 현실 앞에서 좌절감을 느꼈고, 스스로에 대한 회의감에 시달렸다. 나 자신이 낯설게 느껴졌다. 불과 몇 달 만에 내 감정은 세상을 다 가진 듯한 정상에서 좌절의 늪으로 곤두박질쳤다. 회사를 매각할 때 그토록 높이 솟았던 희망이 허무하게 무너졌다. 하나님을 향한 믿음도 흐릿해졌다.

어떻게 이런 일이 일어났을까? 왜 나는 이토록 심각한 변화를 겪어야 했을까? 내 믿음이 심하게 흔들렸던 이유는 무엇일까? 가만히 되돌아보니 그 이유를 알 수 있었다. 나의 소망은 하나님께 뿌리를 내린 것이 아니라 나의 상황, 직업적 성공, 장래를 통제할 수 있는 내 능력에 뿌리내린 것이었다.

어느새 일은 나에게 우상이 되어 버렸다. 나의 행복과 정체성 자체가 직업적 성공으로 포장되어 있던 것이다. 그 포장지가 걷히자 나는 혼란에 빠졌다. 내가 섬겼던 우상이 사라졌고, 나는 밑바닥으로 추락했다.

무엇이 우상인가?

일을 우상으로 삼는다는 말이 무슨 뜻일까? 너무 열심히 일한다는 뜻일까? 자신이 하는 일에서 즐거움을 찾는 것이 우상 숭배일까? (스티브 잡스가 말했듯) 세상에 자신의 흔적을 남기고 싶은 마음이 잘못일까?

이들은 모두 일을 위한 좋은 동기가 될 수 있으며, 그 자체로 나쁜 것은 아니다. 하지만 일을 통해 즐거움, 영향력, 지위를 추구하는 과정에서 일을 궁극적인 만족이나 삶의 의미로 여기기 시작할 때 문제가 된다. 바로 그 순간 일은 우상이 되기 때문이다.

성경은 우리가 우상숭배에 빠지기 쉽다고 말한다. 인간은 무엇인가를 숭배하려는 본성을 지니고 있어, 자신의 삶을 바치며 헌신할 대상을 찾으려 한다. 우리는 삶의 중심에 언제나 몰두할 무언가를 둔다. 그렇다고 숭배하려는 마음 자체가 나쁜 것은 아니다. 하나님이 우리를 예배하는 존재로 만드셨기 때문이다. 예배의 대상이 예배를 받기에 합당한 존재라면, 예배는 매우 귀한 것이다.

그러면 우리의 예배를 받기에 합당한 존재는 누구인가? 오직 하나님 한 분뿐이시다. 예수님은 "주 너의 하나님께 경배하고 다만 그를 섬기라"(눅 4:8)라고 말씀하셨다. 우리는 오직 하나님만 예배해야 한다. 유일한 예배의 대상이 되시는 하나님을 삶의 중심에 모셔야 한다. 그 존귀한 자리를 다른 존재에게 내줄 때 우리는 이미 우상 앞에 무릎을 꿇은 것이다.

구약성경에서 우상은 인디아나 존스가 마궁의 사원에서 훔친 자그마한 황금상처럼 대개 형상으로 묘사되었다. 물론 우상이 다 황금으로 만들어지거나 작은 크기였던 것은 아니다. 사람들이 이런 형상을 숭배한 이유는, 이것이 삶의 요구를 만족시키는 신이나 영적 존재를 상징한다고 믿었기 때문이다.

사람들은 저마다의 우상을 향해 갖가지 숭배 행위를 한다. 그 앞에 재물을 놓거나 최고급 옷을 입히거나 심지어 엎드려 절하기도 한다. 그들은 우상에게 자신의 삶을 바친다.

오늘날에는 이처럼 우둔해 보이는 우상숭배를 피하는 경향이 있다. 작은 황금 형상을 받들어 모시거나 예물을 바치러 사원에 모이는 경우는 드물다. 그러나 우상숭배의 방식이 더 교묘해졌을 뿐, 하나님 대신 다른 어떤 것을 숭배하려는 우리의 성향은 예나 지금이나 여전하다.

많은 사람은 자신의 직업과 그 직업을 통해 얻을 수 있는 돈, 지위, 정체성, 즐거움, 삶의 목적 등에 열정을 쏟는다. 자신의 직업에 마음을 온통 빼앗기고 날마다 자신을 바치며 산다. 열정과 에너지와 사랑을 바치는 주요 대상이 바로 우상이다. 인정하고 싶지 않을 수도 있지만, 오늘날 많은 사람이 직업을 우상으로 섬기고 있다.

누가복음 18장 18-30절은 무엇이 우상숭배인지를 이해하도록 도와준다. 한 부자 관리가 예수님께 나아가서 영생을 얻으려면 어떻게 해야 하는지를 여쭈었다. 계명을 지키라는 예수님의 대답을 듣고 그는 어려서부터 이것을 '다' 지켜 왔다고 말했다. 이에 예수님은 그 관리가 유달리 집착하는 것을 지적하셨다. "네게 아직도 한 가지 부족한 것이 있으니 네게 있는 것을 다 팔아 가난한 자들에게 나눠 주라 그리하면 하늘에서 네게 보화가 있으리라 그리고 와서 나를 따르라"(22절).

성경은 그 젊은이가 큰 부자였기 때문에 이 말씀을 듣고 심히 근심하였다고 전한다. 예수님은 그의 우상을 드러내셨다. 돈과 그 돈을 통해 얻을 수 있는 안정감, 높은 지위라는 우상이었다. 부자 관리는 그의 우상 때문에 예수님을 따를 수 없었다. 누가복음의 이 본문은 우상숭배에 대해 가장 간단명료한 설명을 제시한다. '우상이란 우리가 예수님보다 더 갈망하는 그 무엇이다.'

일을 우상화하고 있는가?

우리는 직업을 우상으로 섬기기 쉽다. 지금 이 시대의 문화는 우리를 성공으로 몰아가는데, 그 성공의 의미가 문제이다. 어떤 사람을 처음 만났을 때 나눈 대화를 생각해 보라. 우리가 던진 질문 중 하나는 "직업이 뭐예요?"였을 것이다. 이런 질문을 받으면 자신이 중요한 일을 하고 있으며, 그 일을 잘하는 사람이라는 인상을 주고 싶어진다. 사회 분위기는 직업에서 우리의 정체성을 찾도록 압박한다.

하지만 일의 우상화는 그저 나쁜 생각에 그치는 것이 아니라 영적으로도 치명적이다. 만일 우리가 기쁨과 만족, 나아가 어떤 의미를 얻기 위해 자신의 '직업과 성취'에 초점을 맞춘다면 그 끝에서 공허함을 발견하게 될 것이다. 우리는 예수 그리스도만을 섬길 때 깊고 지속적인 만족을 얻을 수 있기 때문이다.

자신의 직업을 지나치게 강조할 때 그것은 우상이 된다. 일이 우리의 행복을 측정하는 가늠자가 될 뿐 아니라 우리의 시간, 관심, 열정을 온통 빼앗는다. 그렇다면 일을 우상화하고 있음을 알려 주는 경고 표지는 무엇일까? 다음은 우리가 직업을 우상화하는 흔한 방식들이다.

1. 직업이 만족의 주요 원천이라고 생각한다

일을 우상화하는 사람들은 일에서 만족을 얻으려 하고 직업적 성공에서 궁극적인 목적을 찾으려고 한다. 이런 부류의 우상숭배가 교묘한 형태를 띠는 경우도 있다. 어떤 이들은 자신에게 꼭 맞는 일만 하려 들고, 열정을 불러일으키지 않는다면 아무런 일도 하지 않는다. 또 어떤 이들은 자신의 일이 전혀 만족스럽지 않다며 줄곧 불평한다.

그런가 하면 이미 성취한 일에 만족하며 그대로 안주하는 사람도 있다. 당신은 어떠한가? 일에서 성공하면 큰 만족을 느끼는가? 직업적인 성취도가 오르내림에 따라 기분도 현저히 변하는가? 우리는 절대로 직업을 통해 원천적인 만족과 성취를 얻지 못한다. 직업은 그런 기대감을 채우기 위한 것이 아니기 때문이다. 일을 통해 경험하는 만족은 결코 지속되지 않는다.

일에서 궁극적인 만족을 얻으려 하는 사람은 마치 자전거가 날지 못한다며 화내는 아이와 같다. 도로에서 자전거를 타던 아이가 자전거가 날지 않는다고 화를 낸다. 날지 않는 자전거 때문에 실망한 아이는 소리 지르며 자전거를 발로 찬다. 문제의 원인은 간단하다. 우스갯소리처럼 들릴 수 있겠으나 자전거는 날기 위해 만들어진 것이 아니다. 자전거에 거는 기대가 적절하다면 아이는 자전거를 제대로 즐길 수 있을 것이다.

직업도 마찬가지다. 직업에 거는 기대가 적절하다면 우리는 훨씬 더 즐겁게 일할 수 있을 것이다. 직업은 우리에게 궁극적이고 지속적인 만족을 주지 못한다. 바로 이것이 적절한 기대치다. 직업을 통해 완전한 만족을 얻으려 할 때 우리는 곧 실망하게 된다.

2. 일을 잘하는 사람이라는 명성을 얻는 데 몰두한다

과도하게 탁월함을 추구할 때 직업은 우상이 될 수 있다. 물론 열심히 일하고 자신의 일을 잘 해내는 것 자체가 잘못은 아니다. 사실 이것은 하나님이 우리에게 요구하시는 바다. 문제는 남에게 인정을 받으려고 하는 마음이다. 이러한 마음을 갖게 되면 일이 쉽게 우상화될 수 있다. 우리는 늘 좋게 보이기를 원한다. 자신의 능력에 대해 사람들의 주목과 찬사를 받고 싶어 한다. 나아가 자신의 가치를 인정받고, 궁극적으로는 사람들에게서 영광을 받고 싶어 한다.

사람들을 만날 때 우리는 마음속으로 줄곧 채점을 한다. '내가 저 사람만큼 잘하는가?', '저 사람과 비교했을 때 내 성과는 어떤가?' 이 같은 생각은 우상숭배에서 비롯되며 끊임없는 경쟁 심리를 불러일으킨다.

건전한 경쟁은 더 열심히 일하게 하고 더 나은 성과를 거두게 한다. 하지만 최고가 되려는 욕구가 마음을 지배하기 시작하면 경쟁은 화를 유발한다. 심지어 어느 정도 성공을 거두어도 여전히 부족하다고 느끼게 한다. 이것은 가차 없는 완벽주의다. 우리가 바라는 성공을 이루지 못할 때 이 우상은 우리를 영혼이 무너질 듯한 낙심과 체념으로 이끈다.

3. 세상에 영향을 미치는 것을 일의 주목적으로 삼는다

일의 궁극적인 목적이 주변 사람을 유익하게 하는 것이라고 생각할 때 일을 우상화하게 된다. 주변에 영향을 미치고 싶어

하는 욕구는 어떤 면에서는 올바르다. 그러나 만일 일의 가치가 궁극적으로 세상에 미치는 영향에 의해 결정된다고 믿게 되면, 이 또한 우상숭배로 이어질 수 있다.

세상에 영향을 미치려는 욕구가 우선순위를 차지할 때 하나님과 그분의 목적은 멀찌감치 밀려날 수 있다. 이 같은 우상숭배에 빠지면 우리 마음이 자만심으로 가득해져, 일의 성취를 하나님의 선물로 여기지 않고 자신의 업적으로 여기게 된다. 또한 하나님이 주시는 다른 책무들에 소홀해진다. 주변 사람을 섬기는 좋은 일을 하고 있다는 이유로 소홀함을 정당화한다. 반대로 노력했는데도 원하는 결과를 얻지 못한 경우에는 낙심하고 화를 낸다. 시간만 허비했다며 실망한다.

모든 형태의 우상숭배, 즉 숭배할 가치가 없는 것을 숭배하는 모든 행위는 우리의 삶에 쓰디쓴 결과를 초래한다. 선하고 경건한 욕구도 쉽게 우상으로 돌변하여 탐욕, 비교, 불만, 과도한 경쟁을 낳을 수 있다. 우상숭배는 유인 판매의 전형이다. 우상은 만족스러운 성취를 약속하지만 결코 그것을 제공하지 않는다. 결국 우리에게 남는 것은 커져만 가는 불만과 채워지지 않는 갈망뿐이다.

일이 끔찍한 우상으로 변할 수 있는 이유

하나님은 예수님 외에는 그 무엇도 예배받기에 합당하지 않다고 말씀하신다. 직업을 포함한 모든 것은 결코 우리에게 만족을 주지 못한다.

왜 우리는 일에서 깊고 지속적인 만족을 찾을 수 없을까? 직업을 통해 만족을 얻을 수 있을 거라고 확신하지만 실제로는 그렇지 않은 이유가 무엇일까? 바로 우리 마음이 항상 더 많은 것을 갈급해하기 때문이다. 만일 우리가 일이라는 우상에게 자신을 내주면 그것은 혹독한 고용주나 노예 감시인으로 행세할 것이다. 일은 항상 우리를 실망스럽게 하며 절대 온전한 만족을 주지 못한다.

내(세바스찬)가 이 진실을 처음 자각했던 때가 기억난다. 프린스턴대학교 신입생 시절, 나는 캠퍼스를 걷고 있었다. 고등학교 내내 추구했던 목표를 마침내 이루었다는 생각이 들었다. 아이비리그의 학생이 된 것이다! 하지만 그 당시에 나는 만족을 느끼지 못하고 있었다.

왜 그랬을까? 고등학교가 프린스턴대학교로 진학하는 징검돌 역할을 했으나, 이제 프린스턴대학교 역시 또 다른 목표를 위한 하나의 징검돌이 되었기 때문이다. 프린스턴대학교가 목표인 듯했지만 사실은 그렇지 않았다. 나는 여전히 만족하지 못했고 더 많은 것을 원했다. 이제 스스로에게 "그다음은?"이라는 질문을 던지기 시작했다.

- 현재 나는 꿈꿔 오던 대학교의 학생이다. 근사해. 그다음은?
- 졸업하면 곧바로 멋진 직장을 갖는다. 좋아. 그다음은?

이런 생각 가운데 우상숭배의 논리가 분명해진다. '항상' 그다음이 있고, '항상' 성취해야 할 그 무엇이 있을 것이다. 결국 자신을 만족시키기 위한 일은 '항상' 불만으로 끝날 것이다.

- 회사를 설립하여 성공적으로 운영한다. 그다음은?
- 큰 집과 별장을 짓는다. 그다음은?
- 할리우드 영화를 만든다. 그다음은?
- 야구팀을 사서 최고의 팀으로 만든다. 그다음은?
- 빌 게이츠보다 더 부자가 된다. 400억 달러를 은행에 넣어 두고 400억 달러는 자선 단체에 기부한다. 그다음은?

여기서 문제는 분명해진다. 우리는 매번 다음 단계를 바란다. 마침내 만족을 얻게 되리라 기대하나 끝내 만족할 수 없다.

우리 마음이 항상 '그다음'을 갈급해한다는 것만이 문제는 아니다. 성경에 이르기를 우리의 일은 저주를 받았다고 한다. 인간이 하나님께 반역하여 세상을 죄 가운데 빠트린 이후 노동은 몹시 힘들어졌고, 수고의 열매를 얻기도 어려워졌다. 이런 현실을 인식하지 못한 채 우리가 일을 통해 궁극적이며 지속적인 만족을 얻으려 할 때 문제는 더 악화될 뿐이다.

일을 우상으로 만드는 근본적인 원인이 바로 여기 있다. 우리에게는 항상 할 일이 더 있고, 항상 성취해야 할 것이 더 있다. 끊임없이 "그다음은?"이라는 질문이 생겨난다.

우리는 맡은 일을 더 효율적이고 쉽게 만들어 능률을 높일 수 있다. 지금보다 더 많은 사람을 돕고 더 나은 환경을 만들 수 있다. 이렇듯 골대는 계속해서 움직이고, 만족은 도무지 손에 잡히지 않는다.

일을 우상으로 받들지 않기 위한 방법

이 모든 논의의 핵심 진리는, 세상이 삶의 목적이 될 수 없다는 것이다. 세상은 삶을 불태워 자신을 섬기면 온갖 좋은 것들을 우리에게 주겠다고 약속한다. 그러나 우리 삶의 목적은 오직 하나님뿐이시다. 그분만이 우리에게 궁극적이며 지속적인 만족을 주실 수 있다.

당신은 어떠한가? 직업에서 완전한 행복이나 만족과 같은 목적을 찾으려 하고 있는가? 예수님보다 직업에 더 많은 것을 바라고 있는가? 일을 우상으로 삼는가? 만일 그렇다면, 쉽지는 않지만 간단한 해결책이 있다.

바로 회개가 그 해결책이다! 허망하며 그릇된 사고방식으로부터 돌이켜 일을 우상으로 섬겨 왔음을 자각하고, 하나님께 예배드리는 행위로 일을 재인식해야 한다. 그렇게 할 때 당신은 골대가 멈추는 큰 기쁨을 경험할 것이다. 우리 삶의 기반을 하나님께 두면 '그다음'이 사라지기 때문이다. 당연히 그렇지 않겠는가? 더 이상 바랄 것이 없으니 말이다.

+ 더 생각해 보기

1. 누가복음 18:18-30을 읽고 묵상하라.

2. 당신은 일에 헌신하는 것을 삶의 일차적인 원칙으로 삼고 있는가? 당신과 가장 가까운 사람들(친구, 가족 등)은 어떠한가?

3. 이번 장은 일을 우상으로 삼게 되는 몇 가지 방식에 대해 경고한다. 혹시 당신도 이런 방식으로 일을 숭배하고 있지는 않은가?

4. 일을 우상으로 삼는 것은 교묘한 죄악일 수 있다. 종종 열심히 일하거나 돈을 버는 것이 선한 의도의 표현으로 위장되기 때문이다. 일을 우상으로 섬기는 죄악에 대처하기 위한 실천적인 방안들을 말해 보라.

5. 시험 답안을 잘 썼거나 발표를 잘했거나 건축 사업을 완료했던 때와 같이, 어떤 일을 성취해서 만족스러웠던 때를 떠올려 보라. 그 만족감이 얼마나 오래 지속되었는가?

6. 지금 당신의 삶에서 '그다음'에 해당하는 일이 있는가? 이런 욕구가 계속해서 생겨나는 것을 어떻게 멈출 수 있을까?

2. 생계 수단으로 전락한 일을 마지못해 하진 않는가?

나(세바스찬)는 고등학교 때 첫 사업을 시작했다. 어느 날 부모님의 친구 한 분이 보수를 줄 테니 자기 집의 발코니 바닥을 칠해 주지 않겠느냐고 내게 물었다. 나는 철물점에 가서 고압 세척기, 착색제, 도료 등 그 일에 필요한 도구와 재료들의 사용법을 배웠다. 작업을 하던 중에 이 일을 계속 해 봐도 좋겠다는 생각이 들었다. 그래서 "바닥 칠 전문!"이라고 적힌 광고 전단을 만들어 동네 여기저기에 붙였다. 하루 만에 두 집에서 의뢰가 들어왔다. 이렇게 나의 풋내기 사업이 시작되었다.

내가 사업을 하는 목적은 최고급 서비스를 제공하거나 이웃의 집을 아름답게 꾸미는 것이 아니었다. 이 일을 통해 하나님께 영광을 돌리는 것도 아니었다. 단지 가급적 적은 시간에 적은 노력으로 많은 바닥을 칠함으로써 가능한 한 많은 돈을 버는 것이었다.

그러나 빠르고 저렴하고 쉽게 하는 것에 중점을 두다 보니 결과물은 형편없었다. 이를테면 화분을 치우지 않고 바닥을 칠하는 바람에 화분을 옮길 때 그 부분만 칠해지지 않은 것을 발견한 고객이 있었다. 벽을 제대로 덮지 않고 작업해서 벽면에 자국이 남기도 했다. 심지어 재작업을 요구하는 고객이나 작업이 끝났으면 쓰레기를 치우라고 지적하는 고객도 있었다.

당연히 이건 나쁜 사례다. 이런 식으로 일하다 보니 내 사업은 어려움에 직면할 수밖에 없었다. 순전히 사업적 관점에서도 조잡하게 일했던 것이 잘못이었지만, 더 중요한 문제는 일을 대하는 내 마음에 있었다. 나는 적당히 일하면 된다고 생각했다. 일의 질은 내게 아무런 의미도 없었다. 일은 단지 목적을 위한 수단, 즉 돈을 벌어 나의 이기적인 욕구와 필요를 채우기 위한 방편일 뿐이었다.

앞 장에서 보았듯이 우리는 자신의 일을 과대평가하여 우상화할 수 있다. 하지만 반대로 일을 과소평가할 수도 있다. 일을 너무 하찮게 여겨 나태해질 수 있다는 말이다. 나태함이란 '성실하게 일하지 않음'을 뜻한다. 가만히 앉아서 다른 사람들의 도움만 바라는 모습이 나쁘다는 것은 모두가 알고 있다. 그래서 보통 사람이라면 자신이 그렇게 게으르지는 않다고 생각한다. 하지만 이 책에서 "나태하다"라는 말은 단지 아무것도 하지 않고 멀뚱히 앉아 있음을 의미하지 않는다. 그러니 나태함을 '나와는 상관없는 이야기'로 여기지 말라.

단순히 활동을 하지 않는 것과 다른, 교묘한 형태의 나태함이 있다. 이 나태함은 겉으로 드러나는 생산성이 아니라 마음의 동기나 욕구와 관련된 것이다.

교묘하고 위험한 나태함

일에 있어 가장 교묘하고, 어쩌면 가장 위험한 나태함의 유형 중 하나는 '직장에서 하나님의 목적을 인식하지 못하는 것'이다. 우리는 일을 열심히 하면서도 그 일이 무의미하다고 느낄 수 있다. 그리스도인으로서의 가치가 교회에서 하는 일에 국한되어 있다고 생각해, 세상에서 하는 일이란 단지 십일조를 벌며 교회의 선교 사역을 지원하기 위해 견뎌야 하는 필요악일 뿐이라고 믿는다.

또는 자신의 직업에 열정이 생기지 않을 때 그 일은 참된 소명이 아니라고 여긴다. 그래서 주어진 일을 대충 해도 된다는 식으로 "열정을 불러일으키는 일을 하게 될 때, 비로소 나의 전부를 바칠 거야"라고 말한다.

하루를 살아가는 데 필요한 최소한의 일만 하면 된다는 생각을 가진 사람도 있다. 어떤 이들은 "살기 위해 일한다"라는 철학을 채택한다. 자신의 일이 고약하지만, 살기 위해 어쩔 수 없이 일을 한다는 말이다. 그런가 하면 주말이 끝나 갈 즈음 '월요병'을 호소하며 다음 주말까지 진정한 삶을 잠시 접어 둔다고 생각하는 이들도 있다.

이제 당신은 감을 잡았을 것이다. 나태함이 반드시 활동이 없거나 생산성이 결여되어 있음을 의미하는 건 아니다. 이는 마음이 활동하지 않는 것, 즉 직장에서 하나님의 목적을 볼 수 없거나 보지 않으려 하는 모습이다. 나아가 일을 통해 우리를 다듬으시는 하나님의 손길을 외면하는 마음이며 "섬기기를 주께 하듯"(엡 6:7) 해야 하는 그리스도인의 책무를 거부하는 마음이다.

이런 생각을 품고 있으면 결과는 황폐해진다. 나태함은 낙담, 침울, 불평, 불만, 게으름, 소극성, 눈치 보기, 앙갚음, 월요병 등으로 이어지기 때문이다.

나태함에 대한 바울의 가르침

데살로니가 신자들에게 보내는 편지에서 바울은 가장 극단적인 형태의 나태함에 대해 단호하게 경고한다. "누구든지 일하기 싫어하거든 먹지도 말게 하라"(살후 3:10). 이것은 정신이 번쩍 들게 하는 진리이며, 우리에게 좋은 교훈이 된다.

그러나 앞에서 말했듯이 성경은 '아무 일도 하지 않는 죄' 이상에 대해서 지적한다. '무엇인가를 하는 죄'에 대해서도 경고하는 것이다. 이와 관련하여 가장 유용한 구절은 골로새서 3장 22-24절이다.

"종들아 모든 일에 육신의 상전들에게 순종하되 사람을 기쁘게 하는 자와 같이 눈가림만 하지 말고 오직 주를 두려워하여 성실한 마음으로 하라 무슨 일을 하든지 마음을 다하여 주께 하듯 하고 사람에게 하듯 하지 말라 이는 기업의 상을 주께 받을 줄 아나니 너희는 주 그리스도를 섬기느니라."

여기서 바울이 말하려는 것은 무엇일까? 먼저 바울은 아무것도 하지 않는 태도를 경고한다. 만일 우리가 종이라면 상전에게 순종해야 한다. 여기서 한 걸음 더 나아가, 그는 단지 '하는 것'만으로는 충분하지 않다고 말한다. 종은 '오직 주를 두려워하여 성실한 마음으로' 일해야 한다. 마음을 다하여 '주께 하듯 하고 사람에게 하듯 하지' 말아야 한다. 자신이 궁극적으로 주 예수 그리스도를 섬기고 있다는 마음으로 일해야 한다.

성경에 나오는 종의 개념에 대해서는 나중에 좀 더 자세히 언급할 것이다. 여기서는 바울이 일에 나태한 태도를 정면으로 공격하고 있다는 점에 주목하자.

바울은 단순히 활동하지 않는 상태를 겨냥하는 것이 아니다. 다른 사람을 위해 일하는 자들이 '아무 일도 하지 않는 죄'를 피했다는 사실에 안심하며 그대로 안주해서는 안 된다고 말하는 것이다.

우리는 하나님이 우리의 모든 일에 깊은 관심을 가지고 계시다는 것과 그 모든 일이 하나님께 예배드리는 행위라는 것을 알아야 한다. 그래서 우리의 일이 궁극적으로 하나님을 위한 섬김임을 충분히 이해하며 '모든 일'을 행해야 한다. 바울은 그리스도인들에게 그들의 일이 중요하다는 사실, 일을 통해 하나님께 영광 돌리며 그들 자신이 더욱 예수님을 닮아 간다는 사실을 힘주어 말했다.

하나님의 목적을 놓친 나태함의 증거

자신의 일에 나태해진 것을 어떻게 알 수 있을까? 하나님이 우리의 직업을 통해 이루고자 하시는 목적을 놓치고 있음을 나타내는 경고 신호는 무엇일까? 흔히 사람들이 자신의 일에 나태해지는 방식들은 다음과 같다.

1. 일을 자신의 욕구를 충족하기 위한 수단으로 여긴다

사람들은 자신이 일을 열심히 했으니 실컷 놀아도 된다고 당당하게 말하거나 돈을 벌기 위해(돈으로 살 수 있는 것들을 얻기 위해) 일한다고 말한다. 아니면 영성을 가장하며 "내가 일하기 때문에 자유로이 교회를 섬길 수 있고 헌금도 할 수 있는 거야"라고 말한다. 이렇게 생각하는 사람들은 자신의 직업을 진지하게 고려하지 않은 것이다. 그들이 고려한 것은 직업을 통해 얻는 산물이다.

이런 식의 생각이 왜 그릇된 걸까? 우리의 '일 자체'에 하나님의 목적이 담겨 있다는 사실을 무시하기 때문이다. 우리의 직업은 어떤 결과를 얻기 위한 수단 이상이다. 그 결과가 이기적인 것이든 아니면 교회 봉사를 위한 것이든 마찬가지다. 우리의 일은 힘들고 지루해도 참아 내야 하는 고역이 아니다. 직업은 아무리 하찮고 단조롭더라도, 자신의 흥미에 맞지 않더라도 우리를 그리스도인으로서 성숙하게 하고 하나님께 영광 돌리게 하기 위해 하나님이 사용하시는 핵심 방편들 중 하나다. 하나님은 우리의 일을 통해 어떤 목적을 이루고자 하신다.

2. 일이 좌절감을 안겨 준다

언제든 일에는 실망이 따르기 마련이다. 그렇기에 일은 숭배의 대상이 될 수 없다. 때로는 우리의 실망이 지나쳐서 일을 통해 이루고자 하시는 하나님의 목적에 무감각해진다. 실망감이 우리를 지배하고 우리 안에 악감정과 분노를 유발한다.

만족이 하나님의 선물임을 깨달은 자들은 일하면서 실망감을 느낄지언정 낙망하지는 않는다. 일이 궁극적인 만족을 줄 수 없으며 일을 우상화해서는 안 된다는 사실을 떠올릴 뿐이다. 실망감은 우리의 시선을 하나님께로 되돌리고 그분을 더욱 의지하게 하며 일을 통해 하나님을 섬겨야 함을 상기시킨다.

3. 자신의 일을 제자의 삶과 무관하게 여긴다

평일 오전 아홉 시부터 오후 여섯 시까지는 그저 일하고, 주말과 저녁 시간에야 진정 그리스도인다운 일을 한다고 생각하는 사람들이 더러 있다. 만일 당신도 그렇게 생각한다면 골로새서 3장을 다시 읽어 보라. 지금 당신의 자리에서 하는 일이 기독교적인 신앙의 표현이다. 집에서든 직장에서든 교회에서든 우리가 하는 모든 일은 하나님께 예배하는 행위이며 예수님을 따르는 행위다.

주일학교 수업을 준비할 때, 교회의 리더십 모임에 참석할 때, 소그룹을 인도하거나 봉사 활동에 참여할 때 우리는 하나님을 섬기며 예수님을 따르고 있다. 하지만 직장 상사에게 올릴 보고서를 작성할 때, 고객에게 전화할 때, 건축 현장에서 못을 박을 때에도 마찬가지로 우리는 하나님을 섬기며 예수님을 따르고 있다. 이 모든 것이 예배이며 제자의 삶이다.

왜 그럴까? 우리가 왕을 위해 일하기 때문이다. 우리가 하는 일을 통해 주 예수 그리스도를 섬기기 때문이다.

나태해서는 안 되는 이유

다음 사진 속의 남자를 보라. 분명 누군가가 포토샵으로 장난을 좀 쳤을 것이다. 하지만 잠시 이 사진을 살피며 생각해 보자. 만약 당신이 길거리에서 이런 남자를 본다면 '이야, 저 사람은 몸이 정말 좋군!'이라고 생각하지 않을 것이다. 그렇다고 '오른팔이 엄청난걸!'이라고 생각하지도 않을 것이다. 오히려 '저런, 뭔가 문제가 있는데?'라고 생각하게 될 것이다. 일을 어떤 결과를 위한 수단으로 여길 때 이와 비슷한 문제가 생긴다. 하나님의 목적을 무시하고 일을 단지 중요한 것을 얻기 위해 견뎌야 하는 직업 정도로 여기면 우리의 영적인 삶에 끔찍한 불균형이 초래된다. 가정과 교회에서는 제자로 든든히 서 있으나, 직장에서는 연약하고 각박하게 살아간다.

그리스도인이라면 이 같은 영적 불균형에 계속 머물러서는 안 된다. 성경은 우리에게 삶의 모든 영역에서 예수님의 제자이자 하나님을 예배하는 자로 살아갈 것을 당부한다. 우리는 무슨 일을 하든지 예수님을 위해서 해야 한다. 하나님이 우리 일에 무관심하시다는 어리석은 생각을 버리자. 우리 일에 하나님이 관여하시지 않는다는 생각은 우리를 불순종과 죄악으로 이끌 수 있다. 어떤 그리스도인은 다른 데서는 절대 하지 않을 행동을 직장에서 한다. 사람들을 멸시하거나 화내거나 시간을 허비하거나 요령을 피우거나 옳고 그름을 얼버무린다.

자신의 직업이 하나님께 그다지 중요하지 않다고 여기는 순간, 우리는 다른 사람을 대할 때 하나님을 의식하기 어려워진다. 더 이상 '이 상황에서 어떻게 하면 하나님을 기쁘시게 할까?'라고 스스로에게 질문하지 않는다. 예수님을 전혀 생각하지 않고 일한다. 그러나 우리가 직업을 하나님께 영광 돌리고 자신을 성장시키며 제자로서의 삶을 훈련하기 위한 영역으로 받아들이기 시작한다면, 우리의 일은 어떻게 달라질까?

고객과 상사와 고용주와의 만남이 하나님의 사랑과 선하심을 보여 주는 기회가 된다. 상사에게 올리는 보고서가 왕이신 예수님의 이름으로 섬기는 기회가 된다. 넘겨 버린 마감 기한이나 직장 동료와의 긴장 상황 등 우리를 초조와 낙심으로 몰아넣을 수 있는 상황들이 모두 기도할 기회가 된다.

그래서 '하나님이 이 상황을 허용하셨어. 이를 통해 무엇을 배우게 하시려는 걸까? 이 상황에서 어떤 가르침을 적용하면 될까? 이것이 어떻게 내 믿음을 강하게 하며 하나님께 영광 돌리게 할까?'라고 생각하게 된다. 이런 의문을 제기하며 여기에 비추어 행동하는 것이 일에 관한 나태함에 대항하고 "섬기기를 주께 하듯"(엡 6:7) 하는 것이다.

나태함을 바로잡는 법

하나님이 우리의 직업을 중요하게 여기신다는 사실을 기억하는 것이 핵심이다. 하나님은 우리를 일하는 존재로 지으셨다. 비록 아담의 죄로 인해 일이 낙심을 안겨 주기도 하지만, 하나님은 우리의 일을 통해 선을 행하게 하시며 하나님께 영광 돌리게 하신다.

따라서 우리가 직업에 대해 나태해져서는 안 된다. 만일 나태했다면 회개해야 한다. 나태함이 죄임을 깨닫고 그릇된 사고방식으로부터 돌이켜 우리의 일을 통해 이루고자 하시는 하나님의 목적에 충실해야 한다.

+ 더 생각해 보기

1. 데살로니가후서 3:6-15; 골로새서 3:22-24을 읽고 묵상하라.

2. 현재 직업에 대한 당신의 태도를 생각해 보라. 나태해지거나 일을 우상으로 삼는 경향이 있는가?

3. 당신의 일을 통해 이루고자 하시는 하나님의 목적이 있음을 매일 진심으로 자각한다면 일에 대한 태도가 어떻게 변할까?

4. 나태함은 일터에서 느낀 좌절감에 대한 죄악된 반응일 수 있다. 이런 감정에 게으름이나 분노로 반응했던 경험을 떠올려 보라. 하나님께 영광을 돌리기 위해 다음에는 어떻게 행동하는 것이 좋을까?

5. 예수님은 목수이셨고, 베드로와 바울은 각각 어부와 천막 만드는 자였다. 그 힘든 일을 게을리하는 모습을 상상하기는 어렵다. 혹시 당신은 하나님으로부터 받은 책무에 소홀한 모습을 보였던 적이 있었는가?

6. 창세기는 하나님이 일하시는 분임을 보여 준다. 그분은 설계하시고 창조하시며 지시하셨다. 이 진리에 근거하여 당신의 삶에 적용할 수 있는 구체적인 실천 방안을 네 가지 이상 열거해 보라.

3. 일하는 생각과 방식을 바꾸는 복음

우리는 일을 우상으로 삼아서는 안 되며 일을 게을리해서도 안 된다는 것을 살펴보았다. 그러면 우리는 직업에 대해 어떻게 생각해야 할까? 어떻게 직업을 그리스도를 따르는 삶과 연결할 수 있을까? 기독교 신앙은 일하는 방식과 일에 대한 생각에 어떤 영향을 미칠까? 대부분의 사람이 직업을 필요악이나 자신의 성취와 정체성 확보를 위한 수단으로 여기는 세상에서, 그리스도인의 직업에 독특한 의미와 목적을 부여하는 것은 무엇일까?

스스로에게 다음과 같은 질문들을 해 보자. 내가 그리스도인이라는 사실이 일할 때 어떤 차이를 만들어 내는가? 더 윤리적인 사람이 되었는가? 더 정직하게 살아가는가? 다른 사람들보다 덜 경쟁적인가? 얼굴에 항상 미소를 띠고 있는가? 늦게까지 회사에 남아 직장 동료의 일을 도와주는가? 이런 것들도 매우 멋지다! 하지만 기독교 신앙이 직장에서 이런 식으로만 작용할까? 그리스도인이 된다는 것은 예수 그리스도의 복음으로 우리 삶이 변화됨을 의미한다.

하나님은 우리를 사랑하셔서 우리 죄를 대신하여 독생자 예수님이 십자가 죽음을 당하게 하셨다. 예수님이 다시 살아나 사망의 권세를 깨뜨리셨기 때문에 우리는 회개하고 그분을 믿음으로써 구원을 받는다. 이 복음은 직업을 포함한 그리스도인의 삶 전반에서 작용한다. 그리스도인으로서 우리는 온 세상을 복음에 비추어 보기를, 이 놀라운 진리가 직장을 포함한 모든 영역을 밝히 비추기를 원한다.

1장과 2장은 일에 대한 태도를 점검하는 데 초점을 맞추었다. 그리고 우리가 일을 우상화하거나 일에 대해 나태해지기 쉽다는 점을 언급했다. 두 가지 태도 모두가 매우 위험하다. 우리는 때때로 이 함정들 중 하나에 빠지거나 심지어 두 가지 함정에 동시에 빠지기도 한다. 따라서 이 문제를 진단하는 것만으로는 충분하지 않다. 복음 안에서 우리 마음의 우상숭배와 나태함을 제거하는 구체적인 방안들을 고민하는 시간도 가져야 한다.

예수님의 사역이 모든 것을 변화시킨다

우상숭배와 나태함을 제거하는 비결은 예수님의 복음이 이 거짓들의 뿌리를 어떻게 끊어 버리는지 이해하는 것이다. 성경은 우리가 죄인이라고 말한다. 우리는 하나님을 대항하는 반역자이며 죄의 노예다. 사실 우리는 하나님께 엄청난 빚을 진 죄인이지만, 그 죗값을 지불하는 대신 배신만 거듭한다. 우리의 죗값은 더욱 큰 빚의 구덩이로 우리를 몰아넣는다.

복음은 스스로 빚을 갚을 수 없는 죄의 종들에게 너무나 좋은 소식이다. 이 좋은 소식이란 하나님이 우리의 빚을 대신 떠안게 하시려고 독생자이신 예수 그리스도를 보내셨다는 것이다. 예수님은 우리가 실패한 삶을 대신 사셨고, 우리가 당해야 하는 죽음을 대신 감당하셨다. 그리고 마침내 죽은 자 가운데서 다시 살아나셔서 죄와 사망과 무덤을 정복하셨다.

예수님의 사역이 어떻게 우리 삶을 변화시킬까? 복음은 하나님이 우리 죄를 기꺼이 예수님께 전가하여, 하나님의 아들이라는 예수님의 신분과 지위를 우리에게 주시기를 기뻐하신다는 선언이다. 죄로부터 돌이키고 우리를 구원하시는 예수님을 의지함으로 우리는 그분께 연합된다. 우리를 대신하신 그분의 죽음으로 우리의 빚이 완전히 청산되고, 순종의 삶을 통해 얻으신 그분의 모든 상급이 은혜롭게도 우리에게 주어진다! 예수님의 복음은 삶을 변화시키는 진리다.

당신이 그리스도인이라면 그리스도 안에서 하나님이 당신을 위해 행하신 일을 당신의 직업과 연관시켜야 한다. 어떻게 복음이 우상숭배와 나태함의 뿌리를 끊고 일에 관한 우리의 동기를 변화시킬까?

먼저 우상숭배에 대해 생각해 보자. 우리를 위해 행하신 예수님의 사역은 죄로부터의 구원과 영원한 생명, 곧 우리 영혼에 깊고도 지속적인 만족을 보장해 준다. 하나님은 이 선물을 우리에게 조건 없이 주신다. 우리의 힘으로는 이것을 얻을 수 없다. 직업을 통해서는 우리가 진정으로 원하는 것을 결코 얻을 수 없다는 의미다. 예수님은 삶과 죽음과 부활을 통해 숭고한 기쁨과 의미, 가장 큰 상급을 마련해 두셨다. 우리가 직업을 통해 이런 것을 얻을 수 있다고 생각한다면 복음을 망각하고 거짓을 믿는 것이다.

복음의 진리는 나태함의 뿌리도 끊는다. 만일 우리 삶이 예수님께 속한 것이 사실이라면, 직업을 포함한 삶의 모든 것은 새로운 의미를 지닌다. 네덜란드 신학자인 아브라함 카이퍼는 "인간의 모든 영역에서 예수님이 '내 것이다!'라고 선언하시지 않은 곳이 없다"[2]라고 단언했다. 그렇다. 우리의 삶과 직업도 예수님의 것이기에 복음을 믿는 자가 나태해서는 안 된다.

이것은 진리의 큰 그림이므로 더 세부적으로 살펴보아야 한다. 우리가 그리스도인이 되어 예수님을 위해 일하기 시작하면 모든 것이 변한다. 일에 대한 우리의 관점은 어떻게 변할까?

1. 새로운 주인을 위해 일한다

예수 그리스도의 삶과 죽음이 우리를 대신한 것임을 믿음으로 우리의 삶을 그분께 드렸다면 우리는 모든 영역에서 새 주인을 위해 일하는 것이다. 한때 죄의 종이었던 우리가 이제 의의 종이 되었다(롬 6:17-18). 한때 하나님의 원수였던 우리가 이제 하나님의 자녀이자 그리스도와 함께하는 상속자가 되었다(롬 8:16-17; 갈 3:26-29). 한때 육신의 정욕과 사람들의 찬사를 추구했던 우리가 이제 왕을 위해 일한다. 우리는 오직 예수 그리스도를 섬긴다.

2. 새로운 임무가 주어진다

직장에서 우리는 갖가지 책임과 임무를 맡는다. 상사나 동료

---

[2] James D. Bratt, ed., *Abraham Kuyper: A Centennial Reader* (Grand Rapids: Eerdmans, 1998), 461.

직원으로부터 그것을 부여받기도 하고 스스로 떠맡기도 한다. 고객을 대하거나 출장을 가거나 주문을 하거나 프로젝트를 마무리하는 등 수많은 일이 있다. 이 모든 일을 어떻게 바라보아야 할까? 이에 대해 올바른 관점을 갖게 해 주는 것이 있을까?

이 물음에 대한 대답은 "있다"이다. 만일 우리가 그리스도를 따르는 자라면 자신의 임무와 책임을 재조정하기 위해 예수님을 바라보아야 한다. 예수님은 가장 중요한 것이 무엇인지를 명확히 밝히신다. 마태복음 22장에서 한 율법사가 예수님께 여러 계명 중 가장 중요한 것이 무엇인지 여쭈었다. 예수님의 대답은 명료했다.

> "네 마음을 다하고 목숨을 다하고 뜻을 다하여 주 너의 하나님을 사랑하라 하셨으니 이것이 크고 첫째 되는 계명이요 둘째도 그와 같으니 네 이웃을 네 자신 같이 사랑하라 하셨으니"(37-39절).

그리스도인이라면 우리에게 주어진 가장 중요한 임무는 분명하다. 바로 하나님을 사랑하고 다른 사람들을 사랑하는 것이다. 이것이 다른 모든 임무보다 우선이다. 생계를 위해 무슨 일을 하든, 우리는 비그리스도인들과 다른 목적으로 일한다. 물론 돈을 벌거나 경력을 쌓는 것도 중요하다. 상사를 도와 일을 잘하고 싶은 마음도 당연하다. 그러나 우리가 일하는 궁극적인 목적은 하나님과 다른 사람들을 사랑하는 것이다. 이것이 우리의 새 임무다.

3. 새로운 확신을 가진다

직장에서 직면하는 많은 문제는 자존감이나 확신에 영향을 준다. 사람들은 직장에서 동료보다 더 잘하려고 뼈 빠지게 일한다. 그렇게 해야만 자신이 가치 있는 사람으로 보일 거라고 생각하기 때문이다. 또한 다른 사람의 지적에 지나치게 민감해지고, 부정적인 평가를 받으면 몹시 위축된다. 자존감이 온전히 자신의 일에 달려 있기 때문이다.

복음이 우리에게 새로운 자존감을 주는 건 아니다. 대신에 새로운 '확신'을 준다. 복음이 강조하는 것은 나의 위대함이 아니라 '예수님'의 위대하심이다. 복음은 그분의 위대하심을 통해 우리에게 주어지는 유익에 초점을 맞춘다.

우리가 자신의 허물에도 불구하고 하나님께 사랑받고 있음을 아는 것은 매우 중요하다. 자존감을 통해 얻을 수 있다고 생각했던 모든 것을 하나님의 사랑 안에서 발견할 수 있기 때문이다. 자존감이 있어야, 즉 스스로를 가치 있고 소중한 사람이라고 느껴야 하나님이 당신을 받아들이신다고 생각할 수도 있다. 하지만 우리가 받아들여지는 것은 자신의 가치 때문이 아니라 죄인인 우리를 위해 예수님이 행하신 일 때문이다.

우리는 자존감이 필요하다고 생각하며 세상은 우리더러 더 높은 자존감을 가지라고 독려한다. 하지만 우리에게 진정으로 필요한 것은, 자존감을 통해 얻으려는 모든 것이 사실은 그리스도와 그분의 사랑 안에 있다는 믿음이다.

그리스도인으로서 우리는 자신을 더 높게 평가할 필요가 없다. 우리를 향한 그리스도의 사랑을 확신하게 되면 모든 것이 변한다.

4. 새로운 상급을 얻는다

당신은 무엇을 위해 일하는가? 돈, 권력, 명성, 혹은 위안을 얻기 위해서인가? 당신의 이름으로 불리는 학교를 설립하기 위해서인가? 당신이 작고한 후에도 존립할 회사를 세우기 위함인가? 해변에 그림 같은 집을 짓기 위해서인가? 많은 사람을 돕기 위함인가? 당신의 재능을 한껏 발휘하기 위함인가?

예수님이 주시는 상급은 세상이 주는 그 어떤 것보다 크고 영원하다. 골로새서 3장에서 바울이 종들에게 당부한 말을 생각해 보라. 그가 사람을 위해서가 아니라 주를 위해서 하는 것처럼 성실하게 일하라고 당부한 이유는 무엇일까? "기업의 상을 주께 받을 줄"(24절) 알기 때문이다. 이보다 더 좋은 상은 세상에 없을 것이다.

우리가 이 진리를 받아들이고 믿으면 일에 대한 접근 방식이 변하기 시작한다. 더 이상 직업을 통해 궁극적인 보수를 받을 거라고 기대하지 않는다. 가장 큰 상급이 예수님 안에 보장되어 있음을 알기 때문이다.

자유는 일을 우상으로 섬기기 위한 것이 아니라 하나님과 다른 사람들을 사랑하기 위한 것이다. 우리는 나태함의 덫으로부터, 힘들고 단조로운 일에서 오는 좌절감으로부터 자유로워진다. 우리의 행복은 일함으로써가 아닌, 사랑함으로써 보장된다. 따라서 직업을 통해 행복을 얻지 못한다고 낙심할 필요가 없다. 직업은 하나님을 사랑하며 그분께 영광을 돌리는 기회가 되기 때문이다.

다른 무엇을 위해서가 아니라 왕이신 예수님을 위해 일한다는 사실을 깨달으면 직업에 대한 접근 방식이 달라진다. 예수님으로 인해 새로운 주인, 새로운 임무, 새로운 확신, 새로운 상급이 주어진다. 새롭게 변화된 사고방식은 일터에서의 자유로 이어진다.

직장에서 자유를 경험하기

일에 대해 새로운 관점을 지니면 우상숭배와 나태함에서 벗어난다. 더불어 일을 통해 바라는 것을 모두 얻을 수 있다는 생각과 자신의 일이 하나님께는 중요하지 않다고 여기는 생각에서도 벗어난다.

우리의 궁극적인 정체성과 보상이 예수님에 의해 이미 보장되었다. 이 사실은 놀라운 영혼의 닻이 되므로 우리는 주어지는 여러 상황에 전과 다르게 대처할 수 있다. 그러나 이 닻이 없다면 주식 시장 동향, 일시적인 성공과 실패, 성과 보고서, 상사의 태도, 자신의 욕구 등이 우리를 나뭇잎처럼 날려 버릴 것이다.

우리의 정체성이 그리스도 안에서 확정되고 그분께 새로운 임무를 부여받으면 일이 잘 풀릴 때나 안 풀릴 때나 우리는 늘 굳건히 설 수 있다. 절대 움직이지 않는 것에 우리 영혼의 닻이 내려졌다. 그래서 무슨 일을 하느냐보다 누구를 위해 일하느냐가 더 중요하다.

우리가 예수님께 구원받고 사랑받는 사람이라는 정체성을 지니면 직장에서 어떤 자유를 얻게 되는지 살펴보자.

1. 일을 통해 하나님을 예배하는 자유를 얻는다

예배는 하나님과 하나님이 하신 일에 대한 우리의 반응이다. 우리가 하나님을 바로 볼 때 그분을 기쁘게 해 드리고 싶은 마음이 든다. 그 방법 가운데 하나가 직장에서 예배하는 것이다. 직장에서의 예배는 어떤 모습일까? 일하면서 조용히 찬양을 흥얼거리는 것일까? 물론 그렇게 하는 것도 좋은 방법이다. 그러나 성경적인 예배는 단순히 찬양을 부르는 것 이상이다.

예배는 하나님께 합당한 영광을 돌리는 것이다. 이는 우리가 행하는 모든 업무에서 하나님께 순종함을 의미한다. 우리가 주어진 업무에 온 정성을 다할 때 하나님은 기뻐하신다. 우리의 태도나 목표가 더 이상 우리 자신이나 상황에 매이지 않는다. 삶의 목표는 돈, 권력, 명성, 위안을 얻는 데 있지 않다. 우리는 하나님을 기쁘게 해 드리며 그분을 더욱 드러내기를 원한다.

또한 직장에서 하나님을 예배한다는 것은 일하는 가운데 하나님에 대해 배우고, 그분의 일하심을 보고, 그분의 임재를 즐거워한다는 뜻이다. 일하는 중에 창의성을 발견하면 위대하신 창조주의 모습이 거기에 반영되어 있음을 기뻐하라. 상사가 잘 이끌어 주면 그 상황이 하나님의 선물임을 알고 기뻐하라. 상사가 잘 이끌어 주지 못하면 그 상사보다 뛰어난 우주의 왕이 계심을 기억하고 기뻐하라.

고객에게 꼭 필요한 상품을 가장 적절한 가격에 구입하도록 도울 때, 회사에서 정의가 통하는 모습을 볼 때, 그 모든 순간이 하나님의 선하심을 반영하므로 기뻐하라. 이런 영적인 시각을 통해 우리는 직장에서 자유로이 하나님을 예배할 수 있다.

2. 전심으로 다른 사람을 섬기는 자유를 얻는다

직장에서 진정으로 이타적인 사람을 찾아보기는 어렵다. 대부분의 사람은 정해진 계획에 따라 움직인다. 순수하게 다른 이를 위해 선을 행하기 원하는 사람을 찾기는 매우 힘들다. 그러나 하나님과 다른 사람들을 사랑하기 위해 일할 때 우리는 그런 사람이 될 수 있다. 그리고 우리는 그런 사람이 되어야 한다. 우리에게 필요한 모든 것이 예수님에 의해 이미 마련되었기 때문이다.

상사에게 인정받고 동료들에게 존중받는 것도 좋은 일이다. 하지만 인정과 존중을 통해 얻고 싶어 하는 긍정, 사랑, 수용, 행복감, 장래의 보상 등은 예수님 안에서 이미 우리에게 주어졌다. 이제 사람들의 평가에 당신의 정체성을 묶어 두지 않아도 된다.

하나님은 예상치 못한 방식으로 조금도 부끄러워하지 않으시며 우리를 사랑하셨다. 우리도 이 사랑을 다른 사람들에게 전할 수 있다. 직장에서 자신의 이득이나 성공을 위해서가 아니라 순수한 사랑의 마음 하나로 동료, 상사, 고용주를 섬길 수 있다.

동료의 업무 성과만이 아니라 그의 삶에도 관심을 보이자. 커피를 사 주거나 심부름을 대신 해 주자. 그리스도께서 우리를 은혜롭게 대하시듯 우리도 사람들을 은혜롭게 대하자. 그들을 섬기며 사랑하자. 예수님이 먼저 우리를 사랑하며 섬기셨기 때문이다.

3. 직장에서 하나님을 신뢰하는 자유를 얻는다

일은 불안과 염려의 근원이다. 하지만 일에서 벗어날 방법은 없고, 일이 잘못될 가능성은 너무나 많다. 하루 종일 머피의 법칙이 작용하는 듯한 날도 있다. 그러나 궁극적으로 주를 위해 일하는 사람에게는 근심하는 대신 하나님을 신뢰하는 자유가 주어진다. 이미 예수님이 우리에게 영원한 미래를 보장해 주셨기 때문에 우리는 일이 잘못되어 가고 있을지라도 근심에 짓눌리지 않는다.

최근에 직장에서 근심했던 경우를 떠올려 보라. 임박한 마감일, 사람들의 지나친 기대, 동료나 상사와의 갈등 등 여러 상황이 생각날 것이다. 직장이 우리를 근심하게 만든다면 하나님이 모든 것을 다스리신다는 진리에 초점을 맞추라. 설령 최악의 상황이 닥치더라도 그것은 우리를 사랑하사 모든 것이 합력하여 선을 이루게 하시는 하나님의 허락하심 때문이다.

우리가 염려하는 일에 하나님은 놀라거나 충격을 받지 않으신다. 하나님이 그 일을 허용하신 데에는 이유가 있다. 우리는 하나님을 신뢰해야 한다. 우리의 상급이 예수님에 의해 이미 보장되어 있으므로 우리는 어떤 상황에서도 하나님과 다른 사람들을 사랑할 수 있다.

4. 쉴 수 있는 자유를 얻는다

하나님은 6일간 창조하신 후에 안식하셨다. 하나님은 이스라엘 백성이 대적으로부터 벗어나 약속의 땅에서 안식하게 하셨다. 예수님은 십자가 사역을 완수하신 후에 아버지의 우편에 앉으셨다. 창조주는 우리를 끝없는 노동이 아닌 일과 안식의 건강한 조화 가운데로 부르시는 은혜로운 하나님이시다. 규칙적인 휴식은 하나님이 정해 두신 자연스러운 삶의 방식이다. 이것은 우리가 하나님께 의존된 존재임을 기억하게 해 주며 노동의 결실을 즐기게 해 주는 하나님의 선물이다.

나태하거나 일을 우상화하는 성향이 있으면 적절한 휴식을 취하기 힘들다. 나태한 사람은 오로지 휴식만 중요시하여 "놀기 위해 일한다"를 표어로 삼는다. 이는 일에 대한 하나님의 목적을 무시하는 태도다. 일은 휴식을 위한 수단에 불과한 것이 아니다. 우리의 일 자체에 하나님의 목적이 있다. 휴식은 충실히 일한 후에 주어지는 선물일 뿐이다.

반대로 일을 우상화하는 사람은 휴식을 거부한다. 휴식은 자신의 한계를 상기시키며 목표 달성을 가로막는 방해물이자 성공으로 향하는 길 위에 놓인 과속방지턱으로 간주된다. 그러나 하나님은 우리의 한계를 아신다. 그분이 우리를 만드셨기 때문이다. 하나님이 우리에게 휴식이 필요하다고 말씀하실 때 우리는 그 말씀을 따라야 한다.

누군가 "묘지에는 이 세상에 없어서는 안 된다고 여겨지던 사람들로 가득하다"라고 말했다. 당신이 일하기를 멈추면 세상이 무너질 거라고 생각하는가? 혹은 당신의 삶이 무너질 거라고 생각하는가? 만일 그렇게 생각한다면 안식이 필요하도록 당신을 지으신 분이 하나님이심을 기억하라. 이는 우리가 잠드는 밤마다 삶에서 가장 중요한 것이 우리 일에 있지 않다는 사실을 가르쳐 주시기 위함이다.

휴식에 관한 구체적인 방안들이 있다. 첫째, 일하는 중에는 효율성을 높이도록 집중하되 직장을 떠나면 일에서 손을 떼라. 출근할 때에는 지각하지 말고 퇴근한 후에는 일과 관련된 이메

일을 확인하지 말라. 상사에게 비상 연락을 취할 수 있는 방법을 알려 주되, 비상 상황이 아니라면 연락을 자제해 달라고 부탁하라.

둘째, 매일 하나님을 의지하는 기도로 시작하고 하나님께 감사하는 기도로 마무리하라. 아침에는 일에 집중할 수 있는 지혜를 달라고 간구하라. 저녁에는 당신을 통해 이루게 하신 일로 인해 하나님께 감사하라.

셋째, 일요일을 예배와 안식의 날로 확보해 두라. 온종일 일에서 손을 떼면 손해를 보거나 승진에 문제가 생길지라도 그렇게 하라. 일할 때는 책임감 있게 해야겠지만 당신의 일을 실제로 형통하게 하는 분이 하나님이심을 마음에 깊이 새겨야 한다. 하나님을 향한 믿음을 나타낼 때, 그분은 당신의 노력보다 놀라운 방법으로 성공에 이르게 하실 수도 있다.

5. 일을 잘 해내는 자유를 얻는다

보수와 업무 능력이 어느 지점까지는 정비례한다. 하지만 그 지점을 지나게 되면 높아지는 보수에 비례하여 더 나은 결과를 기대하기 어려워진다. (사람마다 충분함의 기준이 다르겠지만) 충분하다고 생각되는 돈을 받으면, 그보다 더 많은 돈은 그다지 마음을 끌지 않기 때문이다.

해고하겠다는 협박도 마찬가지다. 당근이나 채찍이 언제나 최선의 결과로 이어지는 것은 아니다. 따라서 어느 시점에서는 외적인 동기가 내적인 동기로 대체되어야 한다.

예수님을 위해 일하면 당근의 유혹과 채찍의 위협으로부터 자유로워진다. 우리는 예수님을 위해 일할 때 가장 강력한 내적 동기를 지닌다. 그 동기란 우리를 위해 주님이 행하신 모든 일로 인해 그분을 기쁘게 해 드리려는 강력한 바람이다.

고대 근동에서는 왕을 위해 일하는 것이 가장 높은 차원의 소명이었다.

"네가 자기의 일에 능숙한 사람을 보았느냐 이러한 사람은 왕 앞에 설 것이요 천한 자 앞에 서지 아니하리라"(잠 22:29).

일에 숙련된 사람에게 권위 있는 일이 맡겨진다. 다니엘, 느헤미야, 모르드개처럼 우리도 왕을 위해 일한다. 사실 우리는 왕 중의 왕을 위해 일한다. 그렇다면 그분을 섬기기 위해서는 더 철저한 윤리 의식과 훌륭한 태도, 더 많은 에너지와 노력과 탁월성이 요구되지 않겠는가? 우리는 왕을 위해 일한다는 이유만으로도 일을 잘해야 한다.

6. 일하는 즐거움을 누리는 자유를 얻는다

예수님이 아니라 사람을 위해 일한다면 낙담에 빠지기 마련이다. 무엇인가를 열심히 세워도 그것을 망가뜨릴 수 있는 다른 사람에게 넘기게 된다. 큰 명성을 얻어도 죽고 나면 아무도 기억하지 않는다. 은퇴를 위해 힘들게 저금하지만 시장이 붕괴되면 수고의 대가를 잃고 만다. 결국 우리가 하는 일들은 길게 보면 허망하다. 전도자가 좌절감을 피력한 것도 놀라운 일이 아니다.

> "전도자가 이르되 헛되고 헛되며 헛되고 헛되니 모든 것이 헛되도다 해 아래에서 수고하는 모든 수고가 사람에게 무엇이 유익한가"(전 1:2-3).

인생의 무상함에 대한 해답은 간단하다. 무상하지 않으신 분과 관련된 삶을 사는 것이다. 예수님의 부활은 주를 위해 사는 삶이 왜 모든 것을 변화시키는지 분명히 계시한다. 예수님과의 관계는 영원히 지속될 것이다. 우리가 열심히 일하는 모습을 알아주는 사람이 없어도 그분은 보고 계신다. 이러한 사실은 그분을 위해 일하는 것이 영원한 의의를 지님을 뜻한다.

그리스도인과 비그리스도인의 차이점

삶 가운데 복음의 증거는 우리가 행하는 일보다 일하는 중에 누리는 자유에서 드러난다. 우리는 당연히 윤리적으로 일해야 한다. 상사를 존중해야 한다. 일 처리를 잘하여 만족을 얻어야 한다. 하지만 이렇게 하는 것이 특별히 기독교적이지는 않다. 그리스도인이 아니어도 일하는 모든 이들이 그렇게 해야 한다.

그런데 우리는 그리스도인으로서 독특한 경험을 한다. 예수님을 모르는 자들이 경험할 수 없는 그 무엇이다. 우리가 아무리 열심히 해도 하나님을 기쁘게 해 드리려는 노력은 언제나 부족하다. 우리는 하나님의 축복을 받을 자격이 없는 죄인이다. 이토록 절망적인 상황에도 불구하고 우리는 하나님이 우리를 용서하셨다는 좋은 소식을 듣고 믿는다.

그 이유와 방법을 온전히 알지는 못한다. 그러나 하나님의 은혜와 사랑으로, 예수 그리스도께서 십자가에서 행하신 일로 인해 용서받았음을 우리는 알고 있다.

이 사실은 일하는 방식을 포함한 모든 것을 변화시킨다. 이제 우리는 자유롭다. 성과를 통해 자존감을 확보하려는 노력으로부터 자유롭다. 일을 제대로 하지 못할 경우에 소중한 것을 잃을 거라는 두려움으로부터 자유롭다. 마치 자신이 일하지 않으면 세상이 멈출 것처럼 휴식도 없이 일에만 매달리는 집착으로부터 자유롭다. 왕 앞에서 즐거워하며 자유로이 일한다. 왕께 예배하듯이 다른 사람을 자유로이 섬긴다.

정말 그렇다. 예수님을 위해 일하면 모든 것이 변한다.

+ 더 생각해 보기

1. 로마서 6:18; 갈라디아서 3:26-29; 마태복음 22:34-40; 잠언 22:29; 전도서 1:2-3을 읽고 묵상하라.

2. 일하는 크리스천에게 가장 중요한 것은 예수님을 아는 일이다. 그 이유는 무엇일까?

3. 지난 한 달 동안 일을 통해 하나님께 예배드린 적이 있는가? 하나님께 더 많이 감사하게 되었던 경험과 하나님께 순종하는 마음이 더 깊어지게 되었던 경험,. 이 두 경우를 떠올려 보라.

4. 예수님을 위해 일하면 일 우상화에 어떻게 대처할 수 있는가? 나태함에 대해서는 어떻게 대처할 수 있는가?

5. 마태복음 22:33-40을 읽어 보라. 이 계명은 직장 동료들과의 관계를 어떻게 변화시키겠는가?

6. 하나님은 안식일을 휴식의 날로 삼으셨다. 이 사실은 우리 일에서의 휴식을 어떤 시각으로 보게 하는가?

7. 복음의 기초적 진리를 설명해 보라. 이 진리는 우리의 직업에 어떻게 적용되는가?

4. 성경이 제시하는 다양한 일의 동기

일은 궁극적 만족의 근원이 아니며 필요악도 아니다. 우리는 왕이신 하나님을 위해 일하며, 그렇게 할 때 일을 우상화하거나 나태해지지 않고 기쁨으로 부지런히 일하는 새로운 자유를 경험한다.

그런데 여기서 한 가지 물음이 생겨난다. 하나님은 왜 우리가 일하기를 원하실까? 우리의 일을 통해 이루시려는 왕의 목적이 무엇일까? 일을 잘 해내기 위해서는 우리에게 어떤 동기 부여가 있어야 할까?

일의 목적을 규정하는 것은 미묘할 수 있다. 예를 들어, 돈을 벌기 위해 일하는 것이 잘못일까? 그렇다면 직장 동료들과 더불어 복음을 나누는 것이 일의 주요 목적인가? 만약 회사 정책상 그런 나눔을 금할 경우에는 어떻게 할 것인가?

무슨 동기에서 일하느냐고 그리스도인들에게 물어보면 다양한 대답을 들을 수 있다. 어떤 이들은 교회에 내는 헌금을 벌기 위해서라고 말한다. 자신의 일을 통해 주변 세계에 지속적인 영향을 미치기 원하는 이들도 있다. 또 어떤 이들은 동료 직원들을 사귀면서 그들에게 복음을 전하는 데 일의 목적을 둔다.

성경은 일과 관련하여 하나의 목적이 아닌 다양한 동기와 이유를 제시한다. 우리로 하여금 전심으로 일하게 하는 몇 가지 동기를 살펴보자. 그러면 '오늘 내가 아침부터 일하러 가야 하는 이유가 무엇인가?'에 대한 답을 찾는 데 도움이 될 것이다.

동기 1 : 하나님을 사랑하기 위해 일한다

예수님은 "네 마음을 다하고 목숨을 다하고 뜻을 다하여 주 너의 하나님을 사랑하라"(마 22:37)가 가장 큰 계명이라고 하셨다. 다른 무엇보다 우리는 일을 통해 하나님을 사랑해야 한다. 이것이 혁신적이고 중요한 개념이다. 현재 하나님이 각자에게 어떤 일을 맡기셨든 이보다 더 중요한 동기를 생각하기는 힘들다. 에베소서 6장 5, 7절을 읽어 보라.

"종들아 두려워하고 떨며 성실한 마음으로 육체의 상전에게 순종하기를 그리스도께 하듯 하라 … 기쁜 마음으로 섬기기를 주께 하듯 하고 사람들에게 하듯 하지 말라."

근면하고 성실히 일하도록 우리에게 동기를 부여하는 것은 예수님을 향한 사랑이다. 바울은 '두려워하고 떨며 성실한 마음으로' 그리스도께 복종하듯이 고용주에게도 그렇게 할 것을 당부한다.

하나님을 향한 사랑은 어떤 일을 하든 '기쁜 마음으로' 하게 한다. 만일 당신이 가정주부라면 주를 위해 일하듯 온 마음으로 집안일을 하라. 학생이라면 주를 위해 일하듯 온 마음으로 공부하라. 당신이 차를 만들거나 물건을 판매하거나 소송을 돕거나 누군가를 치료한다면 주를 위해 하듯 그 일을 하라. 우리는 하나님을 사랑한다. 그러므로 마음을 다하여 일해야 한다.

동기 2: 다른 사람을 사랑하기 위해 일한다

가장 큰 계명이 하나님 사랑이고, 이에 버금가는 계명이 이웃 사랑이다.

"네 이웃을 네 자신 같이 사랑하라"(마 22:39).

하나님을 향한 사랑이 우리로 일을 잘하게 하듯 다른 사람을 향한 사랑도 마찬가지다. 그 이유는 간단하다. 매일 필요한 음식이 냉장고에 기적적으로 채워지는 것이 아니다. 하나님은 세상을 그런 식으로 이루어 가지 않으신다. 옷은 나무에서 자라지 않으며 집은 저절로 조립되지 않는다. 우리가 버리는 쓰레기들이 저녁마다 갑자기 마법처럼 사라지지도 않는다. 인간 사회는 자연적으로 돌아가지 않는다. 모든 것은 소위 '일'이라는 과정을 통해 이뤄진다. 우리는 일의 진행을 도움으로써 다른 사람을 사랑한다.

이 주제와 관련하여 마르틴 루터는 이렇게 말했다. "주기도문에서 우리는 오늘의 일용할 양식을 하나님께 간구한다. 하나님은 우리에게 일용할 양식을 주시되 곡식을 심고 거두는 농부, 밀가루로 빵을 만드는 사람 혹은 식탁을 차리는 사람을 통해 그렇게 하신다." 하나님은 사회에서 하도록 맡기신 저마다의 일을 통해 우리에게 필요한 것들을 공급하신다.

어떤 사람은 일의 목적이 사회를 만들고 유지하는 데에 있다고 하면 비웃을지 모른다. 사회란 영원하지 않다는 생각 때문이다. 우리는 자신의 일이 영원한 가치를 갖기 원한다. 하지만 인간은 피조물임을 기억해야 한다. 하나님은 창조주시므로 우리가 할 일을 주권적으로 정하신다.

하나님은 우리가 인간으로서 특별하고 독특한 일들을 하기 원하신다. 하나님은 천사들을 만들어 그들이 그분 앞에서 경배하며 메신저 역할을 하게 하셨다. 천사들은 그런 목적으로 지음받았다. 하나님은 천사들이 식료품점이나 부동산 중개소 같은 것을 운영하며 사회를 건설하기 원하실까? 이것은 하나님이 천사들을 만드신 이유가 아니다.

그러나 하나님은 사람들이 바로 그런 일을 하기 원하신다. 사회를 만들고 그 속에서 질서 유지와 체제 개발을 통해 우리가 존속하기를 원하신다. 하나님은 질서 잡힌 사회를 기뻐하시며 그것을 위해 우리 각자가 맡은 역할을 해낼 때 영광을 받으신다. 사회를 만들며 향상시키기 위해 시간과 힘을 들일 때, 비록 그 사회가 영원하지 않더라도 우리는 하나님의 피조물로서 맡은 일을 하는 셈이다.

이처럼 포괄적으로 말하기는 쉽다. 하지만 다른 사람들을 사랑하는 것은 주로 개별적 차원의 인간관계에서 일어나는 일이다. 우리는 매일 가까이 지내는 구체적인 사람들을 사랑하도록 부르심을 받았다. 이 사실이 일을 잘하게 하는 동기 부여로 작용해야 한다. 만일 당신이 일에 게으른 성향이라면 어느 정도

스트레스에서 벗어나 편안할지 모르지만 다른 사람을 사랑하고 있지는 않은 것이다. 당신은 그들에게 더 많은 일을 떠넘기고 있기 때문이다.

다른 사람들을 사랑하기 위해 우리는 일을 더 열심히 하고 더 잘하며, 함께 일하는 동료를 격려하고, 자신의 유익을 위해서가 아니라 주변 사람들의 유익을 위해 노력한다. 만일 나 자신만을 위해, 아니면 상사 또는 고객만을 위해 일하게 되면 우리는 일에 관한 가장 중요한 동기를 놓치는 것이다.

우리는 하나님의 목적을 이루는 일을 하며 그분과 우리 주변 사람을 사랑하도록 부르심을 받았다.

동기 3: 하나님의 성품을 반영하기 위해 일한다

일의 동기들 중 하나는 하나님의 성품을 우리 주변 세상에 반영하는 것이다. 하나님은 자기의 형상과 모양대로 우리를 지으셨다(창 1:26). 이는 우리가 하나님의 대행자로서 그분의 통치를 세상에서 대신 해야 함을 뜻한다. 이렇게 할 때 우리는 그분의 성품을 세상에 반영하게 된다. 우리의 직업은 다양한 방식으로 추함으로부터 아름다움을, 혼돈으로부터 질서를 조성하는 일을 수반한다. 흩어진 조각들을 가공하고 조립하여 사람들이 쓸 수 있는 제품으로 만들거나 자연 재료들을 이용하여 새로운 것을 만들기도 한다.

이를테면 병을 고치거나, 불의를 바로잡거나, 부서진 유리창을 교체하거나, 파손된 보도를 고친다. 만약 당신이 건물을 철거하는 일을 한다 해도 파괴하는 모습만 보려고 그 일을 하는 게 아니다. 새로운 건물을 지을 공간을 마련하기 위해 지금의 건물을 무너뜨리는 것이다.

우리의 모든 창의적인 행동은 하나님의 성품과 일을 반영한다. 하나님이 세상을 창조하시기 전 땅은 "혼돈하고 공허"(창 1:2)했다. 거기에는 아무것도 없었다. 혼돈과 공허 그 자체였다. 엿새 동안 하나님은 땅을 만들고, 거기에다 온갖 것들을 채우셨다.

하나님은 혼돈과 공허의 상태에서 질서와 아름다움을 조성하셨다. 흑암 대신에 빛을, 형태가 없는 물 대신에 땅과 바다를 만드셨다. 무(nothingness)나 무형 대신에 행성과 별과 새와 나무와 동물과 사람을 만드셨다. 그 모든 일을 마치신 후 하나님은 결과물을 보고 좋아하셨다.

하나님이 일을 끝내신 후에 아담을 에덴동산에 두어 일하게 하신 것도, 세상에서 질서와 아름다움을 조성하게 하신 것도 우연이 아니다. 땅을 정복하고 에덴동산을 돌보는 일이 아담에게 맡겨졌다(창 1:28, 2:15).

다시 말해 공허로부터 아름다움과 질서를 조성하신 하나님이 자기 형상을 지닌 아담에게 비슷한 일을 맡기셨다. 마치 아버지의 일을 아들에게 맡기듯이!

우리가 하나님의 성품을 반영하는 또 다른 방식은 권위 행사다. 하나님은 만유의 창조주이시기 때문에 모든 것에 궁극적인 권위를 지니신다. 우리를 창조하신 하나님은 우리에게도 그 권위를 어느 정도 나눠 주셨다. 우리가 받은 것은 전혀 속박받지 않는 자율이 아니라 대리적인 권위이며, 그분의 관리와 허용 아래서 작용하는 권위다. 이 권위를 지혜롭게 사용하며 우리를 주관하시는 하나님의 권위를 존중할 때 우리는 권위가 좋은 것임을 사람들에게 보여 주게 된다.

오늘날 문화에서는 대체로 권위에 대한 거부감이 있다. 사람들은 권위를 악한 것으로, 사회질서 유지를 위해 참아야 하는 것으로 여긴다. 그런데 그리스도인의 일은 그런 거짓에 반박할 기회를 제공한다. 성경에 의하면 비록 권위가 부패할지라도 그것은 본래 하나님의 주권적 통제 아래에서 작용하는 좋은 것이다. 우리가 권위를 행사하든 아니면 다른 사람의 권위 아래에서 행동하든 이는 사실이다.

당신이 고용주로서 직원들에게 권위를 행사할 때는 경건함, 겸손함, 자애, 배려, 책임감을 가지고 해야 한다. 하나님의 궁극적인 권위에 복종하는 방식으로 자신의 권위를 행사하라. 그리고 당신도 하나님이 정해 두신 여러 권위에 복종하라.

만일 당신이 고용인이라면 당신 위에 있는 권위를 존중하라. 주변 사람들이 반발심을 느끼게 하지 말며, 권위를 무거운 짐이나 견뎌야 하는 필요악이나 불법적인 것으로 느끼게 하지 말라. 좋은 권위는 하나님으로부터 오는 축복이고 모든 권위는 그분으로부터 비롯된다는 사실을 당신의 행동을 통해 알려 주어야 한다. 이런 식으로 우리는 동료 직원들에게는 물론이고 권위를 지닌 윗사람들에게도 하나님의 성품을 드러낸다.

동기 4: 돈을 벌기 위해 일한다

이 점에 대해서는 돌려 말할 필요가 없다. 우리가 일하는 주요 이유 중 하나는 자신과 가족, 다른 여러 사랑하는 사람을 부양하기 위함이다. 우리는 일하기 때문에 먹을 수 있다. 이 동기에 대해 바울은 데살로니가후서 3장 10절에서 "누구든지 일하기 싫어하거든 먹지도 말게 하라"라고 언급한다. 솔로몬은 잠언

12장 11절에서 "자기의 토지를 경작하는 자는 먹을 것이 많거니와 방탕한 것을 따르는 자는 지혜가 없느니라"라고 말한다.

또 바울은 에베소서 4장 28절에서 이렇게 말한다.

"도둑질하는 자는 다시 도둑질하지 말고 돌이켜 가난한 자에게 구제할 수 있도록 자기 손으로 수고하여 선한 일을 하라."

그리스도인이 가족을 부양하며 다른 사람들을 돕기 위해 열심히 일하는 것은 하나님을 영화롭게 한다. 그렇게 할 때 우리는 자신의 만족이 이 세상 것들이나 자기 발전에 근거하지 않고 하나님께 근거함을 보여 준다.

따라서 우리는 단순히 생활 자금을 벌게 해 주는 일도 온 마음으로 만족하며 할 수 있다. 설령 우리의 일이 개인적으로 가장 큰 성취감을 주거나 엄청난 돈벌이 수단이 되어 주지 못하더라도 만족하며 일할 수 있다. 연보, 가족 부양, 교회 사역 지원 등은 모두 정당하며 귀한 노동의 이유이다.

"조용히 자기 일을 하고 너희 손으로 일하기를 힘쓰라"(살전 4:11)라는 바울의 권면도 이런 의미다. 우리 자신과 가족에게 필요한 것을 공급하며 다른 사람을 돕고 교회 사역을 지원하기 위해 일하도록 우리를 부르신 것은 매우 귀한 소명이다.

많은 그리스도인이 돈벌이라는 동기를 불쾌하게 여긴다. 어떤 그리스도인은 자신의 일에 열정을 느끼지 못하고 단순히 쳇바퀴를 도는 것 같다는 생각에 불만을 토로한다. 그들은 봉급을 받을 때마다 불평하며 한숨을 쉰다. 자신이 충분히 '의미 있는' 일을 하고 있지 않다는 생각 때문이다.

하지만 이런 태도는 삶의 의미와 목적을 주로 직업 자체에서 찾으려는 그릇된 생각에서 나온다. 우리가 더 깊은 의미와 목적을 제공하는 일을 갈망하는 이유는 자신의 직업을 우상으로 삼기 때문이다. 이 같은 불만은 우리를 나태하게 만들기도 한다. 하나님의 부르심을 따라 맡겨진 일에 관심을 잃기 때문이다. 우리는 현재 상황에서 하나님이 우리 앞에 두신 목적을 파악하지 못한다. 그래서 우상숭배와 나태함에 빠져들기 시작한다.

일의 의미와 목적에 대한 궁극적인 자각은 그리스도인의 모든 일이 예수님의 영광을 위한 것이라는 인식에서 비롯되어야 한다. 이 인식은 하나님으로부터 맡겨진 일이라면 어떤 것이든 전심으로 하게 만드는 동기 부여로 작용한다.

자신의 일에 열정을 쏟을 수 있다는 건 근사하다. 직업적으로 성장하는 것도 좋은 일이며 자신의 직업에서 만족을 추구하는 것도 바람직하다. 하지만 이런 것들이 주된 노동의 이유여서는 안 된다.

우리는 무슨 일을 하든 예수님께 영광 돌리기 위해 한다. 성경은 이 점을 매우 명확히 한다. 그리고 예수님께 영광 돌리는 방법 중 하나는 자신에게 필요한 것들을 공급하고, 남은 것은 다른 사람들을 위해 쓰는 것이다. 돈을 사랑함이 일만 악의 뿌리(딤전 6:10)가 될 수 있으나 돈을 경건하게 사용하면 하나님을 영화롭게 한다.

동기 5: 즐기기 위해 일한다

자애로우신 하나님은 노동의 결실을 즐기도록 우리에게 허락하신다. 신명기 8장 18절에서 모세는 "재물 얻을 능력"을 주신 분이 하나님이라고 말한다. 바울은 디모데전서 6장 17절에서 하나님이 "우리에게 모든 것을 후히 주사 누리게" 하심을 언급한다. 그리고 전도서 5장 18-19절에서는 "먹고 마시며 해 아래에서 하는 모든 수고 중에서 낙을 보는 것이 선하고 … 제 몫을 받아 수고함으로 즐거워하게 하신 것은 하나님의 선물"이라고 말한다.

이 구절들은 일에 대한 실제적이고도 탁월한 시각을 제시한다. 우리의 일은 분명 고생스러울 수 있다. 하지만 동시에 하나님은 일을 통해 만족과 즐거움을 누리게 하신다. 여기서 우리는 하나님의 놀라운 은혜를 본다.

일이 고통스러운 이유는 우리의 죄악에 대한 하나님의 저주 때문이다. 수고하고 땀 흘리는 것은 우리의 반역에 대한 징벌과 저주의 일부다. 하지만 사랑의 하나님은 우리가 저주를 받은 상태에서도 어느 정도의 즐거움을 누리게 하신다. 우리가 땀 흘리면서 일할 때 낙심할 수 있다. 그러나 자신의 일에서 어느 정도의 만족과 즐거움을 찾을 수도 있다. 그럴 때 우리는 하나님께 감사해야 한다.

당신의 일에서 만족과 즐거움을 경험하는가? 만일 경험하지 못한다면 그 이유를 생각해 보아야 한다. 혹시 일을 우상화하여 예수님에게서만 얻을 수 있는 것을 일을 통해 얻으려 하는 건 아닌가? 아니면 그 일을 하도록 부르신 하나님의 목적을 인식하지 못하고 나태해졌는가?

일에서 어느 정도의 즐거움과 만족을 얻기 위해 근무 환경이 반드시 좋아야 하는 건 아니다. 우리는 공장 기계에 묻은 검은 얼룩을 제거하거나 찌는 듯한 여름날 에어컨도 없는 창고에서 일할 수도 있다. 그런 근무 환경을 즐기기는 어려울 것이다. 그럼에도 우리가 왕의 영광을 위해 일하고, 일을 통해 그분을 향한 사랑을 표현하면 만족과 즐거움을 찾을 수 있다.

일을 즐기며 그 속에서 만족을 얻으면 하나님께 영광을 돌리게 된다. 그렇게 할 때 직장의 여건이 어떠하든 우리는 그분 안에서 안식과 기쁨과 만족을 발견하기 때문이다.

동기 6: 복음을 빛나게 하기 위해 일한다

다음의 성경 구절을 보라.

"종들은 자기 상전들에게 범사에 순종하여 기쁘게 하고 거슬러 말하지 말며 훔치지 말고 오히려 모든 참된 신실성을 나타내게 하라 이는 범사에 우리 구주 하나님의 교훈을 빛나게 하려 함이라"(딛 2:9-10).

여기서 바울은 종들에게 일을 잘하고 정직하게 할 것을 당부한다. 그 이유는 무엇일까? "이는 범사에 우리 구주 하나님의 교훈을 빛나게 하려 함이라." 우리가 하나님의 자애로우신 권위와 창의성과 탁월하심과 영예를 반영하는 방식으로 일할 때, 우리 입술로 고백하는 복음을 우리의 삶으로 뒷받침하게 된다. 삶으로만 예수 그리스도의 복음을 온전히 전할 수는 없다. 우리는 하나님이 예수 그리스도를 통해 역사 속에서 이루신 일을 말로써 선포해야 한다. 그러나 우리의 삶으로도 그것을 전할 수 있으며, 우리 삶은 입술로 하는 말을 확고히 할 수도 있고 훼손시킬 수도 있다.

사람들은 다른 이를 섬기기보다 자신에게 더 많은 관심을 갖는 자를, 동료를 사랑하며 배려하기보다 앞서 나가는 데 관심이 더 많은 자를 쉽게 알아챈다. 당신이 현재 직장에서 그런 냄새를 풍긴다면 복음의 메시지를 입에서 꺼내기도 전에 이미 예수님의 증인 자격을 잃은 것이다. 직장에서 그리스도의 향기가 되라. 복음을 훼방하지 말고, 복음을 빛나게 하라.

믿음으로 일하라

무엇을 하든 자신의 직업을 얼마나 좋아하든 가장 중요한 건 믿음으로 일하는 것이다. 하나님을 향한 믿음, 우리와 이 세상을 향하신 그분의 계획에 대한 믿음이다. 만일 당신이 직업을 우상화하는 경향이 있다면 하나님을 향한 믿음이 결여되어 있지는 않은가 생각해 보라. 하나님과 그분의 약속보다 자신과 자신의 능력을 더 신뢰하는가? 당신의 성공과 만족과 미래가 모두 자신에게 달린 것이라고 믿는가? 나(세바스찬)도 오래도록 이 문제로 씨름해 왔다. 힘든 경험을 통해 나는 일에 관한 표어를 만들었고 일을 우상으로 삼지 않기 위해 그 표어를 거듭 상기한다.

"열심히 일하고, 빈틈없이 일하며, 하나님을 의지하라."

여기서 '하나님을 의지하라'는 일 우상화에 어떻게 대항하는지 보여 준다. 이 문구는 아무리 열심히, 빈틈없이 일을 처리하더라도 나의 모든 성과가 하나님의 손에 달려 있음을 의미한다. 우리는 이 사실을 기억해야 한다. 내가 예전보다 더 열심히, 더 빈틈없이 일했는데도 나의 계획대로 되지 않을 수 있다. 반면 모든 것이 실패하는 것처럼 보여도 하나님이 성공으로 이끄실 수 있다.

잠언에서도 이 점을 단언한다.

"사람의 마음에는 많은 계획이 있어도 오직 여호와의 뜻만이 완전히 서리라"(잠 19:21).

이는 우리가 전심으로 일함과 동시에 신뢰의 뿌리를 하나님께 두어야 함을 뜻한다. 그러므로 열심히 일하고, 빈틈없이 일하며, 무엇보다 하나님을 의지하라!

당신에게 나태한 경향이 있을 경우에도 마찬가지다. 사도 바울은 이렇게 권면한다.

"무슨 일을 하든지 마음을 다하여 주께 하듯 하고 사람에게 하듯 하지 말라 이는 기업의 상을 주께 받을 줄 아나니 너희는 주 그리스도를 섬기느니라"(골 3:23-24).

어떻게 해야 마음을 다하여 일할 수 있을까? 사람을 위해서가 아니라 주를 위해 일한다는 것을 알 때 가능하다. 기업의 상을 주께 받을 줄 알 때 가능하다. 마음 다해 일하는 것은 믿음의 행위이다. 그렇게 하려면 예수님을 깊이 신뢰해야 한다. 우리에게 특정한 일을 맡기실 때는 분명한 목적이 있다고 믿어야 한다.

자신의 삶에 대한 큰 그림을 꿰뚫어 보는 건 쉽지 않다. 현재 시점에서 나에게 특정한 일을 맡기신 하나님의 의도를 분명히 안다고 어느 누가 말할 수 있겠는가? 하지만 우리는 그분의 선하신 뜻을 신뢰할 수 있다. 하나님의 뜻에 따라 배치된 자리에서 그분을 신실하게 섬기는 것이 우리의 일이다.

어떤 면에서는 병사의 마음 자세를 지녀야 한다. 병사는 대장의 명령대로 행한다. 특정 지역에 배치된 이유, 자신의 특정 임무와 전체 전투 계획 간의 연관성 등을 온전히 이해하지 못해도 명령에 복종한다. 그리스도인도 하나님의 백성으로서 병사로 복무하는 것에 만족하는 법을 배워야 한다.

우리는 모두 대장이나 지휘관이 되기를 원한다. 왕이신 하나님이 우리에게 상세한 설명도 없이 참호로 배치시키실 때 우리는 발끈한다. 하지만 배치시키는 건 그분의 권한이다. 우리가 그분 편이라는 사실만으로도 놀랍고 은혜로운 선물이다.

왕의 은혜로 그분의 군대에 들어간 우리가 "자, 저기 참호에서 근무하라. 내게 탁월한 전략이 있으니 너는 잠시 저곳에서 일하라!"라는 지시를 듣고 부루퉁하여 부대를 이탈해서야 되겠는가? 왕을 향한 믿음과 사랑이 가득한 사람은 그 명령을 거부하지 않는다. 받은 임무를 즐거운 마음으로 기꺼이 떠맡는다.

당신이 졸병이든 취사병이든 부관이든 참호를 파는 병사든 전차장이든 당신을 그 일에 배치하신 분은 왕이시다. 원래 당신은 그분의 군대에 들어갈 자격이 없던 사람이다. 하나님이 당신을 어디로 배치하시든 그분을 신뢰하며 복종하라.

정말 중요한 것은 무슨 일을 하는가가 아니다. 누구를 위해 그 일을 하고 있는가이다.

+ 더 생각해 보기

1. 에베소서 6:5-7; 창세기 1:26; 데살로니가후서 3:10; 잠언 12:11; 디모데전서 6:17-19; 전도서 5:18-20; 디도서 2:9-10; 잠언 19:21을 읽고 묵상하라.

2. 그리스도인의 일과 관련한 성경적인 동기들은 많다. 이번 장에 언급된 동기들 중에서 최근에 당신이 가장 무관심했던 것은 무엇인가? 그 동기를 생각하기 힘들었던 이유는 무엇인가? 이제는 하나님께 그 동기에 충실하게 해 주실 것을 간구하라.

3. 직장에서는 권위를 오해하거나 잘못 행사하는 경우가 종종 있다. 상관이든 부하 직원이든 하나님의 권위 아래서 일할 때 당신의 태도는 어떻게 변할까?

4. 당신의 특정한 일이 다른 사람들을 위한 하나님의 목적을 어떻게 성취할까? 당신의 가족, 교회, 회사, 동료, 고객, 사회 전체와 관련하여 예를 들어 보라.

5. 이번 장에 열거된 동기들을 곰곰이 생각하며 각각의 동기에 대한 성경 말씀을 다시 읽어 보라. 이 동기들을 숙고하면 만족감이 커지는가? 이들 각각을 알고 믿을 때 느끼는 만족감은 어떤 것일까?

part 2
성경에서 발견하는 직업의 의미

크리스천 직장인이
맞닥뜨리는 질문들에
성경의 관점으로 답한다.

THE GOSPEL AT WORK

5. 어떤 기준으로 직업을 선택해야 할까?

일에 관한 성경적 관점을 우리의 직업에 어떻게 적용할까? 우리의 일과 가족과 교회 사역 간의 적절한 균형을 어떻게 맞출까? 껄끄러운 상사나 경쟁적인 동료들을 어떻게 대할까?

이 물음들에 답하기 전 훨씬 기본적인 질문으로부터 시작하고 싶다. 나는 직업을 어떻게 선택할 것인가? 진로 결정이나 특정한 직업을 선택하는 과정에 대해 성경은 어떻게 말하는가?

먼저 직업을 '선택한다'는 것이 주로 현대적 개념임을 인식해야 한다. 인류 역사에서 일이란 생존을 위한 것으로 선택의 여지가 별로 없었다. 대개 부모의 일을 그대로 물려받았다. 물론 역사상 이 질문에 직면한 이들이 우리뿐이었다는 건 아니지만 과거에 비해 우리가 선택할 수 있는 직업은 훨씬 더 많아졌다.

전문화, 유동성, 교육 등으로 인해 우리는 과거 사람들이 경험하지 못했던 방식으로 세상과 마주한다. 무서운 속도로 발전하는 기술과 그로 인한 각종 산업의 분화는 직업 선택에 관한 사람들의 고민을 가중했다.

직업 선택은 쉬운 일이 아니다. 자신의 기술과 희망에 맞는 직업을 찾기 힘들고, 같은 직업을 놓고서도 많은 사람이 경쟁하기 때문에 더 복잡해진다. 과학 기술이 우리의 기술을 앞지르기 때문에 우리는 경쟁에서 살아남기 위해 새로운 것을 계속 배워야 한다. 게다가 우리는 그리스도인으로서 내면의 동기를 놓고 씨름해야 한다.

직업 선택에서의 우상숭배와 나태함

직업 선택 과정에서 우상숭배에 빠지기는 매우 쉽다. '적절한 직업'의 기준을 하나님께 영광 돌리는 것보다 자신에게 영광 돌리는 것에 둘 때 우리는 우상숭배에 빠진다. 봉급이나 지위에 초점을 맞출 때 직업 선택 과정에서 우상숭배에 빠질 수 있다.

직업을 모색하는 중에 나태함의 덫에 걸릴 수도 있다. 일을 통해 이루고자 하시는 하나님의 선하신 목적을 인식하지 못할 때 우리는 나태함에 빠져든다. 이는 우리가 분별력을 행사하지 못했다는 뜻이다. 직업을 찾는 과정에서 나태함에 빠져들면 하나님의 도우심을 간구하지 않는다. 어떤 직업이든 마찬가지라고 생각하기 때문이다. 심지어 이리저리 직업을 찾아야 한다는 사실에 분개하며 하나님의 인도하심을 구하려는 노력도 하지 않는다.

이들 두 가지 태도 모두 그릇되다. 어떻게 하면 이런 사고방식을 피할 수 있을까? 세상적인 패턴을 거부하고 성경적인 관점에 충실한 마음 자세를 돈독히 하려면 어떻게 해야 할까? 이에 대한 답은 하나님으로부터 시작하는 것이다. 진부하게 들릴 수도 있지만 대부분의 그리스도인은 직업을 모색할 때 하나님으로부터가 아니라 자신으로부터 시작한다.

우리의 의사결정 과정을 피라미드 모양으로 생각해 보자. 맨 아래는 넓고 튼튼하며 꼭대기는 뾰족하고 부서지기 쉽다. 강한 부분이 바닥에, 약한 부분이 꼭대기에 놓여야 피라미드가 견고하다. 따라서 우리의 삶과 결정 기반을 가장 강력한 우선순위에 두어야 한다. 피라미드는 거꾸로 뒤집으면 세워지지 않기에 우선순위를 적절히 유지하는 것이 참으로 중요하다.

그렇다면 올바른 순서는 무엇일까? 하나님께 순종하며 그분을 사랑하는 것이 맨 아래에 놓인다. 다른 사람들을 섬기는 것이 중간에 위치한다. 그리고 자신을 기쁘게 하는 것이 꼭대기에 놓인다.

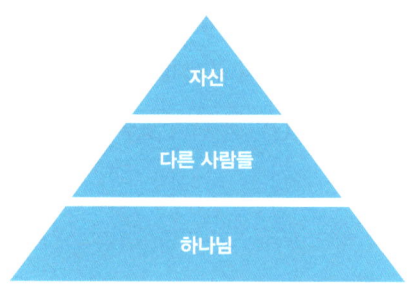

우리 삶의 무게를 지탱할 만큼 충분히 튼튼하며 안정적인 마음 자세는 오직 성경적인 세계관 위에 세워진 것이다. 이것은 예수님이 가르쳐 주신 방식을 반영한다.

피라미드의 기초이자 가장 큰 계명은 '하나님'을 사랑하는 것이다. 그다음에는 '다른 사람들'을 우리 자신처럼 사랑하는 것이다. 맨 마지막이 '자신'이다. 자신은 피라미드의 꼭대기에 있다. 이는 그 중요성 때문이 아니라 연약성 때문이다. 우리 스스로는 하나님께 영광을 돌리도록 만들어진 삶의 무게를 견디지 못한다.

직업을 모색할 때 의사결정의 우선순위를 하나님께 둔다는 것은 무슨 의미일까? 직업을 구할 때 자문해야 할 여섯 가지 핵심 질문이 있다.

질문의 순서에 주목해야 한다. 처음 세 가지 질문은 반드시 필요하다. 그리스도인으로서 반드시 긍정으로 답해야 하며 피라미드의 아랫부분에 놓여야 하는 질문들이다. 뒤의 세 가지 질문은 부수적이다. 이들은 피라미드의 중간 부분에 속하며 이들에 대해 긍정적인 답을 할 수 있으면 좋지만 필수적인 것은 아니다.

반드시 긍정으로 대답해야 할 질문들

1. 하나님께 영광을 돌리는 직업인가?

이 직업이 하나님을 영화롭게 하는가, 아니면 그분께 순종하지 못하게 하는가? 본질적으로 죄악된 일은 배제해야 한다. 그리스도인으로서 청부 살인자, 마약 운반책, 낙태를 돕는 일을 해서는 안 된다.

물론 일의 구분이 항상 명료한 것은 아니다. 일의 성격이 불분명할 수도 있고 상황에 따라 개인의 양심이 다양하게 작용할 수도 있다. 그러나 직업을 선택할 때 일반적으로 이 질문에서 시작하는 것이 중요하다. 우리는 하나님께 영광 돌리는 일을 하기 원한다.

2. 경건한 삶을 허용하는 직업인가?

달리 말하면 내 삶의 모든 영역에서 하나님께 순종하도록 허용하는 직업인가, 아니면 어떤 영역에서는 순종을 포기하게 만드는 직업인가? 배우자와 부모와 자녀를 사랑하며 잘 보살피도록 허락하는 직업인가? 성경적인 의무를 소홀히 하도록 강요하는 직업인가? 교회와 풍성한 관계를 맺음으로써 하나님께 순종하도록 하는가?

만일 삶의 어떤 분야에서 하나님께 불순종하도록 강요하는 직업이라면 우리는 그것을 고려 대상에서 아예 제외해야 한다.

3. 나의 필요를 채우며 다른 이들을 도울 수 있는 직업인가?

성경은 열심히 일하며 자신과 가족에게 필요한 것을 공급하고 궁핍한 자들에게 자선을 베풀라고 말한다. 이것을 필수 사항에 포함시킨 것은 선택적인 항목이 아니기 때문이다.

바울은 "누구든지 자기 친족 특히 자기 가족을 돌보지 아니하면 믿음을 배반한 자요 불신자보다 더 악한 자"(딤전 5:8)라고 지적한다. 참으로 명료한 지적이다. 자신과 가족에게 기본적으로 필요한 것들을 공급해 주지 못하는 직업을 고르는 건 죄이다. 돈이 필수품인 건 사실이다.

긍정으로 대답하면 좋을 질문들

4. 어떤 식으로든 사회에 유익을 주는 직업인가?

만일 당신이 처음 세 질문에 긍정으로 대답했다면 이 질문에도 그럴 것이다. 어느 직업이 사회에 더 많은 유익을 주는지 알아내기란 쉽지 않으므로 매우 신중해야 한다. 예를 들어 판매직보다 비영리적인 직업이 사회를 더 유익하게 한다고 생각하기 쉽다. 하지만 반드시 그럴까? 빌 게이츠와 마더 테레사 중 자기 일을 통해 사회에 더 많은 유익을 준 사람은 누구일까?

이 질문에 명쾌히 답하기는 어렵다. "이 직업이 저 직업보다 더 유익하다"라고 말하기 힘들 정도로 세상은 복잡하고 다양하기 때문이다. 하지만 우리는 적어도 이 직업이 선한지, 다른 사람들에게 유익을 주는지 고려해야 한다. 여러 직업의 사회적 공헌도를 비교하기는 쉽지 않지만 고려할 만한 가치가 있다.

5. 나의 은사와 재능을 잘 활용하게 하는 직업인가?

그 직업이 하나님으로부터 받은 은사와 재능에 부합하는가? 누구나 하고 싶은 일을 선택할 수 있는 건 아니다. 많은 사람은 단지 취업이 되는 일을 한다. 하지만 가능하다면 자신이 잘할 수 있는 일을 하는 편이 훨씬 낫다.

성경에는 하나님이 어떤 사람들에게 특정한 일을 할 수 있도록 능력을 주신 이야기들이 나온다. 브살렐은 성막 만드는 은사를, 요셉은 애굽 온 땅을 경영하는 은사를, 다니엘은 통치하는 은사를, 다윗은 용사와 시인으로서의 은사를 받았다. 때로 하나님은 우리의 직업을 그분이 주신 은사나 재능에 완벽히 부합하게 하신다.

물론 성경에는 어떤 사람의 은사와 그의 직업이 전혀 부합하지 않는 사례들도 있다. 바울은 천막 만드는 일에 특별한 은사를 받은 사람이 아니라, 단지 생계를 위해 그 일을 했던 듯하다. 물고기를 잡지 못한 채 돌아오는 날도 있었던 베드로 역시 고기잡이에 특출한 재능을 지니지 않았던 듯하다. 모세는 원래부터 바로 앞에서 담대히 말하는 능력을 지녔던가? 그렇지 않다. 그럼에도 하나님이 그 일을 하도록 부르셨다.

우리의 은사와 재능에 부합하는 직업을 갖는 것이 가장 좋다. 기회가 있다면 무슨 수를 써서라도 그 일을 잡아야 한다. 하지만 늘 그런 기회가 주어지는 건 아니다. 따라서 이것을 직업 선택과 관련한 필수 사항으로 간주할 수는 없다.

6. 내가 하고 싶은 일인가?

우리는 직업을 통해 얻는 만족과 성취에 대해 현실적이며 성경적인 기대를 가져야 한다. 세상 사람들은 종종 즐길 수 있는 직업을 찾는 것이 삶의 핵심 목표라고 한다. 하지만 성경은 결코 그렇게 말하지 않는다.

성경은 다음과 같이 말한다.

> "무슨 일을 하든지 마음을 다하여 주께 하듯 하고 사람에게 하듯 하지 말라"(골 3:23).

즐길 수 있는 직업을 갖는 것이 좋으며, 직업을 선택할 때 이 점을 고려해야 한다. 그러나 '즐기는 것'을 최우선 순위에 두지 않도록 주의해야 한다. 그런 태도는 우리 자신을 최우선 순위에 두는 또 다른 방식이다.

우선순위의 피라미드를 다시 보자. 위의 여섯 가지 질문은 피라미드 구조의 아래로부터 '위로' 향하는 방식이다. 따라서 하나님으로부터 시작하여 다른 사람들을 거쳐 마지막으로 자신을 생각하게 만든다. 이러한 마음 자세는 우리를 안정적이며 경건한 의사결정 과정으로 이끈다. 하지만 대부분의 사람들은, 심지어 그리스도인들마저 이런 식으로 생각하지 않는다. 오히려 반대로 생각한다.

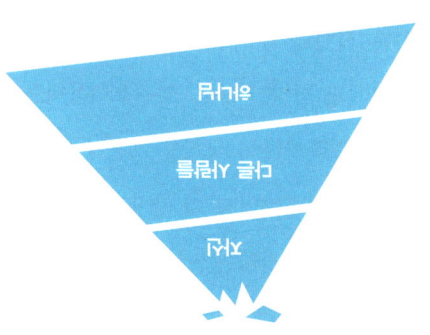

  그들은 직업을 모색할 때 '내가 하고 싶은 일이 무엇인가?'라는 물음으로부터 시작한다. 그다음 다른 사람들을 유익하게 하는 직업인지를 생각하고, 끝으로 계약서에 서명할 때 자신이 죄를 짓는 건 아닌지 간략히 점검한다. 이처럼 거꾸로 된 생각은 자신을 먼저 고려하는 성향을 강화시킴으로써 자신에게 가장 적합한 직업이 무엇인지에 대한 생각을 왜곡시킨다.

  이기적인 고려로부터 시작하면 하나님께 영광 돌릴 수 있는 직업을 애당초 배제할 가능성이 높아진다. 또한 다른 의무들을 회피하거나 자신 외에는 그 누구에게도 유익을 주지 않는 직업을 택하게 될 수도 있다. 피라미드 구조를 뒤집어 의사결정 과정에서 자신에게 가장 큰 비중을 둘 때 전체 과정이 심각하게 불안정해진다. 따라서 직업을 선택할 때 피라미드의 아래로부터 시작하여 위로 올라가는 방식으로 해야 한다.

얻을 수 있는 직업들 중에서 하나님을 영화롭게 하는 것은 무엇일까? 그중에서 경건한 삶을 살도록 허용하는 직업은 어떤 것인가? 우리 자신과 가족의 생계를 무난히 꾸려 나갈 수 있게 하는 직업은 무엇일까? 여기서 더 나아가, 다른 사람들을 유익하게 하는 직업은 어느 것일까? 그중에서 자신의 은사에 부합하며 자신의 바람을 실현하기에 가장 적합한 직업은 무엇인가? 가장 즐겁게 일할 수 있는 직업은 무엇인가?

네 번째나 다섯 번째 질문에 이르면 남은 직업은 하나뿐일 것이다. 그렇다면 그 직업을 선택하면 된다. 개인적으로 만족스럽지는 않더라도 하나님께 영광 돌리며 가족을 부양하게 하는 직업이라면 놓치지 말자. 그리고 개인적으로 만족스럽더라도 기본적인 요구 사항들에 위배되는 직업이라면 택하지 말자. 피라미드 구조를 유지하자.

명심해야 할 사항이 또 있다. 만일 하나님이 우리에게 특정한 일을 하도록 기회를 주시지 않는다면 적어도 지금은 그 일을 하도록 부르시지 않은 것이다. 하나님은 '현재'의 기회를 통해 우리 걸음을 인도하신다. 여러 선택 사항을 고려하는 것은 전혀 잘못된 자세가 아니다. 그러나 우리는 '오늘' 하나님이 우리 앞에 두신 일을 해야 한다. 이 진리와 관련하여 솔로몬은 거의 같은 내용을 두 차례 언급했다.

"자기의 토지를 경작하는 자는 먹을 것이 많거니와 방탕한 것을 따르는 자는 지혜가 없느니라"(잠 12:11).

"자기의 토지를 경작하는 자는 먹을 것이 많으려니와 방탕을 따르는 자는 궁핍함이 많으리라"(잠 28:19).

솔로몬은 이것이 매우 중요하며 실천적인 문제라고 생각했기 때문에 두 차례나 반복한 것이다. 공허한(여기서 '방탕한 것', '방탕'으로 번역된 히브리어 '레크'는 '공허한'이라는 뜻도 지닌다—역주) 환상을 좇지 말자. 오지 않는 기회를 공허하게 꿈꾸지 말고, 지금 주어진 기회를 활용하자.

결론

최상의 직업을 찾게 해 주는 간단한 방정식은 없다. 위의 질문들은 가장 중요한 것이 무엇인지, 배제해야 할 것과 추구해야 할 것은 무엇인지를 생각하도록 도와준다. 이번 장에서 제시한 원칙들이 결정적인 것은 아니지만 당신의 선택에 도움이 되기를 바랄 뿐이다. 직업 선택은 매우 중요한 결정이기에 진지한 기도와 말씀 묵상, 다른 그리스도인들의 지혜로운 조언을 참고해 충분한 시간을 두고 결정해야 한다.

『나는 4시간만 일한다』(The 4-Hour Workweek)라는 책에서 팀 페리스는 치명적이지 않고 변경 가능한 일이라면 신속하게 결정해도 된다고 말한다.[3] 특정 진로를 정하거나 일자리를 받아들이는 것이 당장에는 가장 중요한 결정으로 느껴질 수 있지만, 사실은 다른 선택도 가능한 경우가 많다. 여기에는 지혜와 기도와 조언과 계획과 전략이 동원되어야 한다. 그러고 나서는 신속히 결정해야 한다.

왜냐하면 최종적으로는 하나님이 다스리시기 때문이다. 그분은 모든 것을 주관하시며, 그분의 주권은 우리 직업에도 영향을 미친다. 우리는 삶과 직업을 하나님의 손에 맡겨야 한다. 그분은 모든 것을 자신의 영광과 우리의 유익을 위해 행하시는 선하고 자애로운 왕이시다.

그러므로 직업을 고를 때 무엇보다도 하나님을 신뢰하라. 일자리는 일시적이나 하나님은 영원하시다. 당신의 눈에 완벽해 보이지 않는 직업을 선택해야 하더라도 하나님을 찬양하며 온 마음으로 하라. 언젠가 그 일은 끝날 것이다. 만일 꿈에 그리던

---

[3] Tim Ferriss, *The 4-Hour Workweek: Escape 9-5, Live Anywhere, and Join the New Rich*, expanded ed. (New York: Crown, 2009), 322.

일자리를 얻었다면 온 마음으로 일하라. 하지만 언젠가 그 일도 끝날 것임을 기억하라. 어떤 일을 하든 당신은 예수님을 위해 일하라. 그리고 당신에게 그 일을 주신 목적을 신뢰하라.

+ 더 생각해 보기

1. 디모데전서 5:8; 잠언 12:11, 28:19을 읽고 묵상하라.

2. 가장 최근에 선택한 직업에 대해 생각해 보라. 그 직업을 선택할 때 필수적인 고려 사항들은 무엇이었는가? 그것들이 성경 말씀에 얼마나 부합하는가?

3. 이번 장의 고려 사항들이 직업을 고를 때 어떤 영향을 미치겠는가?

4. '긍정으로 대답하면 좋을 질문들' 중에서 '반드시 긍정으로 대답해야 할 질문들'로 간주하고 싶은 것은 무엇인가? 그 이유는?

5. 이직을 고려할 때 경력 있는 멘토나 구직 관련 전문가의 도움을 받으라는 말을 자주 듣는다. 이들의 조언도 필요하다. 그런데 그리스도인으로서 구해야 할 또 다른 조언은 없는가?

6. 당신의 삶과 일터에서 하나님의 손길을 어떤 방식으로 느끼는가?

6. 직장, 교회, 가정의 균형을 어떻게 맞출까?

새벽 3시, 나(세바스찬)는 입원실 의자에 웅크린 채 누워 있었다. 불과 몇 시간 전에 첫 아이가 세상에 나온 터라 잠을 잘 수 없었다. 내가 잠잘 수 없었던 이유는 아이를 갖게 된 기쁨과 흥분 때문이 아니었다. 사실은 정반대였다. 나는 무서웠다. '앞으로 내가 이 모든 상황을 어떻게 감당할까?' 하는 생각에서였다.

당시에 나는 남편, 교회 구성원, 사업가로서 일하며 간신히 살아가고 있었다. 이제 기존의 여러 책무에 너무나 중요한 '할 일'이 새로 더해졌다. 앞으로 최소 18년 동안은 보살필 아이를 둔 아빠가 된 것이다. 내가 이 모든 일을 잘 해낼 수 있을까?

나는 나름대로 해결책을 찾았다. 직업상의 실패를 감수하기로 했다. 직업은 내 삶의 책무들 중에서 유일하게 융통성을 발휘할 수 있을 것 같은 분야였다. 예수님의 제자로서 실패할 수는 없었다. 남편이나 아빠로서도 실패할 수 없었다. 남은 건 하나였다. 일에도 할 수 있는 한 최선을 다하겠지만, 무언가를 포기해야 한다면 일을 포기하기로 했다.

하지만 그것은 완벽한 해결책이 아니었다. 내게는 부양할 가족이 있었다. 따라서 일에도 '성공'해야 했다. 적어도 식탁에 올릴 음식만은 충분히 마련할 수 있어야 하기 때문이다. 그럼에도 나는 하나를 포기해야 한다면 일을 택하기로 했다.

하나님은 우리에게 다양한 임무를 주셨는데 우리가 그중에서 실패해도 좋을 임무를 택하기 원하실까? 만약 그렇지 않다면 모든 임무를 실패 없이 조화롭게 하기 위해 어떻게 해야 할까? 우리는 배우자와 부모와 이웃과 교회 구성원으로서 충실하고, 아울러 일에서도 결실을 맺을 수 있을까? 한 주를 구성하는 168시간 안에 이 모든 일을 어떻게 할까?

여러 책무를 조화시키는 문제는 1부에서 논의해 온 주제들과 긴밀하게 연관되어 있다. 우리는 일이 중요하지 않은 것인 양 일에 나태해질 수 없다. 하나님은 우리가 일하기를 원하시며, 다름 아닌 하나님을 위해 일하기를 원하신다. 무엇을 하든 우리는 마음을 다해야 한다. 일을 포기하는 것은 해결책이 아니다. 반대로 우리는 다른 책무들을 포기하면서도 일만큼은 포기할 수 없다고 생각하며 일을 가장 중요시해도 안 된다. 하나님께 받은 책무들을 일의 제단에 희생 제물로 바칠 수는 없다.

주어진 모든 일을 어떻게 해 나갈 것인가? 하나님으로부터 받은 임무들 중 어느 하나라도 포기하는 건 올바른 선택이 아니다. 그렇다면 그 모든 공을 저글링 하는 것이 가능할까? 이 문제를 마법같이 풀어 주는 방정식은 없다. 쉬워지게 하는 방법도 없다. 하지만 우리가 예수님의 제자이고 모든 일을 그분을 위해 한다는 사실을 기억할 때, 우리는 그분으로부터 받은 책무들의 일부가 아니라 전부에 충실해질 수 있다.

우리의 첫 번째 임무, 예수님의 제자 되기

우리는 여러 책무를 저글링 공들처럼 서로 무관한 것으로 여기는 경향이 있다. 그러나 이 책무들 간의 관계를 발견하는 건 어렵지 않다. 예를 들어 직장은 가족을 부양하며 교회를 후원할 돈을 얻게 하고, 우리는 가족과 함께 교회로 간다.

또한 우리는 여러 책무를 서로 경쟁 관계에 있는 것으로 보는 경향이 있다. 한 주 동안 주어진 시간과 에너지가 제한되어 있으므로 특히 그렇다. 그래서 종종 우리는 여러 책무를 조화롭게 작용하는 것으로 보지 않고 서로 부단한 긴장 관계에 있는 것으로 본다.

여러 책무가 서로 무관하거나 긴장 관계에 있는 것은 아니지만, 저글링 공들처럼 똑같은 비중을 지닌 것도 아니다. 사실 성경은 우리에게 한 가지 주요 임무가 있고 다른 모든 임무가 그것에 종속됨을 분명히 밝힌다. 우리의 주요 임무는 예수님을 따르는 것이다. 성경은 이 사실을 다양하게 언급한다.

마태복음 6장 33절에서 예수님은 "너희는 먼저 그의 나라와 그의 의를 구하라 그리하면 이 모든 것을 너희에게 더하시리라"라고 말씀하신다. 이 말씀에는 분명한 논리가 있다. 우리에게는 가장 우선하는 임무가 있으며, 그 일을 잘 해낼 때 우리에게 필요한 다른 모든 것이 공급된다는 논리이다. 결국 모든 것은 예수님을 따라야 한다는 최우선적인 책무에 의해 통합된다.

『소명』(*The Call*)이라는 책에서 오스 기니스는 예수님을 따르는 일이 우리의 주된 책무인 이유를 잘 설명한다. 그 이유는 신자로서 우리의 삶이 그분에 '의한', 그분을 '향한', 그분을 '위한' 것이기 때문이다. 데살로니가후서 2장 14절에서 바울이 한 말을 생각해 보라. "이를 위하여 우리의 복음으로 너희를 부르사." 우리를 부르신 이가 누구신가? 예수님이시다. 우리는 예수님에 '의해' 구원으로 부르심 받았다.

요한복음 17장 6절에서 예수님은 다음과 같이 기도하신다. "세상 중에서 내게 주신 사람들에게 내가 아버지의 이름을 나타내었나이다 그들은 아버지의 것이었는데 내게 주셨으며." 우리는 누구에게 속했는가? 예수님께 속했다. 하나님이 우리를 예수님께 주셨다. 그리스도인의 이마에는 "예수님께, 하나님 아버지로부터!"라는 스티커가 붙어 있는 셈이다.

끝으로 에베소서 2장 10절을 읽어 보라.

"우리는 그가 만드신 바라 그리스도 예수 안에서 선한 일을 위하여 지으심을 받은 자니 이 일은 하나님이 전에 예비하사 우리로 그 가운데서 행하게 하려 하심이니라."

구원받은 우리가 이제 무엇을 해야 할까? 예수님께 영광 돌리는 선한 일을 해야 한다. 우리는 그분을 위해 살아야 한다.

예수님을 따르도록 부름받은 이 소명은 참으로 포괄적이다. 우리는 예수님에 '의해' 구원받았고, 예수님께 '속하게' 되었으며, 예수님을 '위해' 살도록 부르심을 받았다. 그분의 제자가 되는 것은 우리에게 주어진 가장 중요하고 기본적인 임무다. 이것은 다른 모든 임무보다 우선이며, 다른 모든 임무가 완수된 후에도 오래도록 지속될 것이다.

예수님의 제자가 되는 일은 단지 저글링 공을 하나 더 던지는 것도, 다른 책무들과 경쟁 관계에 있는 것도 아니다. 골로새서 3장 23절을 떠올려 보라. 우리가 무엇을 하든 온 마음으로 해야 하는 이유는 모든 일을 '주께 하듯' 해야 하기 때문이다.

우리에게 가장 크고 최우선 되는 책무는 모든 부차적인 책무를 체계화하며 규정한다. 부차적인 책무에는 인간으로서 그리고 그리스도인으로서 행하는 교회생활, 가족생활, 직장생활 등이 포함된다. 이 같은 삶의 영역에서 우리는 예수님을 따르는 주된 소명을 삶으로 살아 내며 그분께 영광을 돌린다.

당신이 학생이든 남편이든 은퇴자든, 하나님은 당신에게 예수님을 따르며 그분께 영광 돌리는 사람이 되라는 임무를 주셨다. 당신이 현재 실업자라면 실업 상태로 있는 것 역시 하나님으로부터 주어진 임무임을 이해해야 한다. 당신에게는 실업 기간에도 예수님을 따르며 그분께 영광 돌릴 임무가 있다.

가정, 교회, 직장에서의 충실함과 생산성

우리에게 주어진 가장 중요한 책무를 이해할 때 삶의 혼돈이 걷히기 시작한다. 여러 가지 소명과 의무들이 더 이상 서로 경쟁하지 않는다. 이들 모두가 그리스도를 따르는 최우선적인 책무에 포함되기 때문이다. 그렇다고 해서 압박이 사라진다는 것은 아니다. 부차적인 책무들이 주된 목표에 종속된다는 것을 이해하더라도 서로 부딪히는 부차적인 책무들의 압박을 느낄 수 있다.

예기치 않게 얻은 자유로운 오후 시간을 어떻게 사용해야 할까? 일을 할까? 아이들과 놀아 줄까? 아니면 교회에서 무슨 사역을 해야 하나? 이 같은 물음에 간단명료한 답은 없다. 상황에 따라 답이 달라질 것이다. 그러니 답을 한정하기보다는 가정, 교회, 일터에서의 요구들을 조절하는 데 도움이 되는 몇 가지 원칙을 살펴보자.

모든 임무와 관련하여 우리는 성경에서 '충실함'을 위한 최소한의 기준과 '생산성' 추구를 위한 원칙들을 발견할 수 있다. 충실함을 위한 최소한의 기준이란, 우리의 소명 영역과 관련하여 성경이 제시하는 기본적인 요구 사항들을 가리킨다. 임무 수행에 있어 이 기본적인 기준들에 부합하지 않으면 우리는 그 영역에 충실하지 않은 셈이다.

생산성 추구를 위한 원칙들이란, 충실함에 관한 최소한의 기준을 넘어 더 많은 결실을 거둘 수 있게 하는 원칙들을 말한다. 일단 우리가 모든 임무에 있어 성경이 말하는 충실함의 기준을 충족하고 있다면 여분의 시간과 에너지를 가장 효과적으로 투자하는 방법을 고려할 수 있다.

충실함의 측면과 생산성의 측면에서도 우리는 나태함과 우상숭배의 함정을 발견할 것이다. 충실함을 위한 최소한의 요구를 만족시키지 못하면 나태함에 빠진다. 반면 생산성을 과도하게 추구하면 우상숭배에 빠진다. 따라서 다음과 같은 안내 원칙에 따라야 한다.

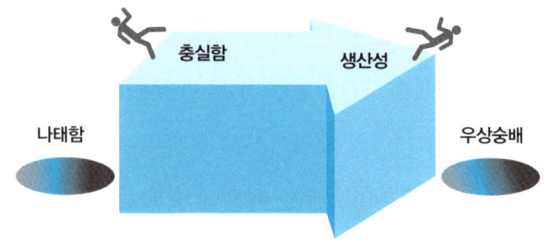

1. 맡은 임무들에 충실한지를 점검하라.
2. 더 많은 결실(생산성)을 위해 투자할 수 있는 영역을 찾으라.
3. 주님보다 일을 더 섬기게 하는 우상숭배의 덫을 피하라.

먼저 충실함을 점검한 후에 더 많은 결실을 추구하되, 우상숭배에 빠지지 말라. 이 원칙이 가정, 교회, 직장에서 어떻게 적용되는지 살펴보자.

1. 가정

가족에게 충실하다는 최소한의 기준은 무엇인가? 그 기준은 생각보다 높다. 에베소서에서는 이렇게 당부한다.

"아내들이여 자기 남편에게 복종하기를 주께 하듯 하라 … 남편들아 아내 사랑하기를 그리스도께서 교회를 사랑하시고 그 교회를 위하여 자신을 주심 같이 하라"(엡 5:22, 25).

이 주제에 관한 책들이 많지만 여기서 말하는 충실함의 기준이란 자기희생이다. 자기희생은 아내의 사랑이 담긴 경건한 복종, 남편의 자기 부인적 사랑이라는 형태로 나타난다. 부모로서 충실한지의 기준 또한 매우 높다.

"또 아비들아 너희 자녀를 노엽게 하지 말고 오직 주의 교훈과 훈계로 양육하라"(엡 6:4).

아내는 교회가 그리스도께 복종하듯이 남편에게 복종해야 한다. 남편은 그리스도께서 교회를 사랑하시듯이 아내를 사랑해야 한다. 그리고 둘 다 주를 두려워하며 그분의 계명에 순종하도록 자녀를 양육해야 한다.

또한, 남편과 아내는 결실을 극대화하기 위해 서로에게 그리고 자녀들에게 투자할 수 있다. 어떤 부부는 둘이서 또는 아이들과 함께 피서를 떠나는 데 시간을 투자한다. 가족과 함께하기 위해 돈을 쓰는 이들도 있다. 성경에는 가족 휴가를 보내거나 정기적으로 가족과 함께하기 위한 계획을 세우라는 식의 지시가 없다. 우리가 충실함의 기준을 따르고 있다면 그런 것들이 필수는 아니다. 가정에서의 결실을 극대화하기 위해 여분의 자원을 투자하는 것일 뿐이다.

물론 가정에서의 충실함과 더 많은 결실을 추구하는 방식이 모든 사람에게 똑같이 적용될 수는 없다. 각자의 여건에 따라 배우자와 자녀들이 필요로 하는 정서적, 영적, 물리적 보살핌의 수준을 지혜롭게 정해야 한다. 이때 다른 가족과 비교하지 말자. 성경의 명령과 원칙은 각 가정의 개별적이고 구체적인 상황을 고려하여 적용하자.

자신의 아내나 자녀를 우상화할 가능성도 분명히 있다. 가족에게 시간과 관심을 투자함에 따라 삶의 다른 영역들에서 성경적 기준의 충실함에 미치지 못하게 된다. 이는 가족을 지나치게 중시한 결과이다. 아이들과 함께하는 시간을 갖기 위해 직장에 나가지 않는다면, 일의 영역에 충실하지 못한 것이다. 아이들과 함께 축구하기 위해 매달 두 차례 주일 예배를 생략한다면, 당신은 교회에 헌신해야 하는 책임에 충실하지 못한 것이다. 예수님은 가족과 관련한 우상숭배에 대해 다음과 같이 언급하셨다.

> "아버지나 어머니를 나보다 더 사랑하는 자는 내게 합당하지 아니하고 아들이나 딸을 나보다 더 사랑하는 자도 내게 합당하지 아니하며"(마 10:37).

만일 가족을 예수님보다 더 사랑한다면 가족 우상화의 문지방을 건넌 셈이다.

2. 교회

교회생활이나 교인들과의 관계에 있어서는 어떠한가? 성경에 의하면, 교회와 관련한 충실함의 최저 기준은 모든 그리스도인이 지역 교회의 공동체에 헌신해야 한다는 것이다. 모든 그리스도인이 교회에 의미 있게 연결되어 헌신해야 함을 신약성경은 거듭 언급한다. 바울은 고린도의 지역 교회에 속한 신자들에게 그들이 "그리스도의 몸이요 지체의 각 부분"(고전 12:27)임을 상기시킨다. 지역 교회는 한 몸이며 각 사람은 지체로서 몸을 위해 헌신한다.

히브리서 10장 24-25절은 단지 '이론적으로' 교회에 속하는 것으로는 충분하지 않음을 밝힌다. "서로 돌아보아 사랑과 선행을 격려하며 모이기를 폐하는 어떤 사람들의 습관과 같이 하지 말고 오직 권하여." 여기서 충실함의 최저 기준은 지역 교회에 의미 있게 헌신하는 것이다. 교인들과 정기적으로 만나며 그들을 격려하고 사랑하는 것이다.

상황에 따라 우리는 더 많은 시간과 에너지와 관심을 교회 봉사나 교회에서의 리더십을 극대화하는 데 투자할 수도 있다. 교회에서 모두가 장로로 부르심을 받는 것은 아니다. 그러나 장로로 부르심을 받는 사람들도 있으며, 장로가 되고 싶어 하는 소원은 선한 것이다(딤전 3:1).

충실한 교회 구성원이 되기 위해 반드시 매주 하룻밤을 교회 사역에 할애해야 하는 건 아니다. 그러나 교회생활에서 결실을 극대화하기 위해 그렇게 할 수도 있다. 모든 그리스도인이 교회 구성원이어야 하지만 모두가 같은 수준의 헌신을 해야 하는 건 아니다. 눈, 귀, 손톱으로서 각자 하나님께 받은 역할을 이행한다.

그런데 교회에서의 봉사와 리더십이 우상으로 변할 가능성이 있다. 만일 시간과 에너지를 교회에 투자함에 따라 하나님께 받은 다른 의무들에 충실하지 못하다면, 우리는 교회를 우상화하고 있는 것이다. 바울은 고린도전서 3장 5-9절에서 이 같은 우상숭배를 지적하고 있다.

"그런즉 아볼로는 무엇이며 바울은 무엇이냐 그들은 주께서 각각 주신 대로 너희로 하여금 믿게 한 사역자들이니라 나는 심었고 아볼로는 물을 주었으되 오직 하나님께서 자라나게 하셨나니 그런즉 심는 이나 물 주는 이는 아무 것도 아니로되 오직 자라게 하시는 이는 하나님뿐이니라 심는 이와 물 주는 이는 한가지이나 각각 자기가 일한 대로 자기의 상을 받으리라 우리는 하나님의 동역자들이요 너희는 하나님의 밭이요 하나님의 집이니라."

교회에서 자신의 사역이 반드시 필요한 것이라는 생각을 경계해야 한다. 교회에서 무슨 일을 하든 우리는 단지 나무를 심거나 물을 주고 있을 뿐이다. 오직 하나님만이 자라게 하신다. 이 사실을 잊으면 우상숭배의 문지방을 넘게 된다.

3. 직장

성경은 우리의 노동에 대해서도 충실함, 더 많은 결실, 우상숭배라고 하는 매개변수를 적용한다. 노동과 관련한 충실함의 최저 기준은 매우 간명하다. 데살로니가전서 4장 10-12절은 "형제들아 권하노니 … 조용히 자기 일을 하고 너희 손으로 일하기를 힘쓰라 이는 외인에 대하여 단정히 행하고 또한 아무 궁핍함이 없게 하려 함이라"라고 권면한다.

에베소서 4장 28절에서는 "도둑질하는 자는 다시 도둑질하지 말고 돌이켜 가난한 자에게 구제할 수 있도록 자기 손으로 수고하여 선한 일을 하라"라고 말한다. 직장에서 충실함에 관한 최소한의 기준은 자신과 가족을 돌보며 다른 이들을 위해 무엇인가를 남겨 둘 수 있게 일하는 것이다.

여기서 한 걸음 더 나아가, 우리는 하나님의 영광과 다른 이들의 유익을 위해 자신의 재능을 개발하려고 더 많은 시간과 에너지와 관심을 일에 쏟아부을 수 있다. 일을 계획하고 전략을 짜는 데 더 많은 시간과 노력을 들일 수 있다. 고용주를 위해 출장을 자청하거나 자신의 재능과 시간을 더 많이 투자하기 위해 승진 제의를 받아들일 수도 있다. 이런 것들이 일에 충실하기 위해 반드시 필요한 것은 아니다. 다만 삶에서 남는 자원을 활용하는 좋은 방법이 된다.

일에 사용하는 여분의 자원이 바닥나서 다른 영역을 침해하기 시작할 때 일은 우상이 된다. 일과 관련한 우상숭배에 대해서 솔로몬은 잠언 23장 4절에 다음과 같이 표현했다.

"부자 되기에 애쓰지 말고 네 사사로운 지혜를 버릴지어다."

솔로몬은 부자 됨에 대해 말하지만 우리는 다른 의미로 생각할 수 있다. 만족을 얻기 위해, 혹은 권력이나 명성을 얻기 위해 자신을 기진하게 하지 말라. 자제하지 못하면 일 우상화의 문턱을 넘게 된다.

모든 것을 함께 해 나가기

하나님은 우리에게 여러 임무를 주신다. 그 어떤 임무에도 나태해지거나 우상화하는 자세를 보여서는 안 된다. 충실함을 추구하면서 가능한 한 더 많은 결실을 맺는 방향으로 나아가야 한다. 마치 주문 제작한 가방에 물건이 딱 맞게 들어가듯 주어진 임무들의 균형을 맞추라고 말하기는 쉽다. 그러나 실제 세상에서 그렇게 하기란 결코 쉽지 않다. 우리는 원치 않는 일도 마주해야 하는 복잡한 세상에서 살고 있기 때문이다.

직장에 충실하려 할 때 자녀가 병들 수 있다. 가정에 충실하려 할 때 교인이 도움을 요청할 수도 있다. 골대가 이동한다. 과녁이 제멋대로 움직여 우리는 낙심하거나 혼란스러워한다.

아들이 태어난 후에 나도 그런 경험을 했다. 나는 본능적으로 하나님께 받은 임무들 중 하나로부터 달아남으로써 압박감을 덜어 보려 했다. '일을 좀 소홀히 해야겠어'라고 생각한 것이다. 내 삶의 특정한 영역에 충실하려면 다른 영역들에서는 소홀할 수밖에 없다고 확신했다. 하지만 그건 옳지 않았다. 모든 임무는 하나님으로부터 주어진 것이다. 따라서 하나님은 우리가 모든 임무에 충실하며, 할 수 있는 한 더 많은 결실을 맺기 원하신다.

모든 상황에 적용 가능한 해결책은 없다. 당면한 문제를 때마다 바로잡아 줄 신묘한 점검표도 우리에게는 없다. 그러나 하나님은 우상숭배와 나태함을 분명히 경고하셨다. 우리는 언제, 어디서 더 많은 결실을 맺도록 투자할 것인지 분별하는 경건한 지혜를 지녀야 한다.

다음은 모든 임무를 조화롭게 처리해 나가기 위한 몇 가지 실천적인 조언이다.

1. 각 영역에서 충실함이 무엇을 의미하는지 파악하라

주께로부터 받은 각각의 임무에 대한 직무 기술서를 작성하라. 가정생활, 교회생활, 직장생활에 충실하다는 것은 무슨 뜻일까? 세상은 이들 각각에 대한 '최소한의 기준'을 나름대로 제시한다. 하지만 그리스도인은 구체적인 상황을 고려하여 성경에서 그 기준을 찾아야 한다.

2. 각각의 임무와 관련하여 자신을 평가하라

스스로에게 물어보라. 만일 당신에게 자유 시간이 많다면 그 이유는 무엇인가? 여러 임무 중 하나를 소홀히 하고 있지 않은가? 결실을 극대화할 수 있는 영역에 투자하지 못하고 있는 것은 아닌가? 만일 힘들게 살아가고 있다면 그 이유는 무엇인가? 감당하기 벅찬 일을 하고 있는가? 성공의 사다리를 너무 빨리 오르려 하는가? 교회 사역을 너무 많이 맡았는가? 휴식을 지나치게 많이 취하는가? 어느 한 임무를 우상화하고 있는가?

이 같은 자기 평가를 혼자서 해야 하는 건 아니다. 기혼자라면 배우자의 조언을 구하라. 미혼자라면 당신을 잘 아는 친구의 도움을 구하라. 이것을 시간 낭비로 여기지 말라. 일을 우상화하여 거기에 마음을 전부 빼앗긴다면 직장에서 시간을 많이 보내지 않아도 가족과 정서적으로 멀어질 수 있다.

3. 발견한 죄가 있다면 회개하라

만일 특정 임무에 나태한 자신을 발견하면 회개하라. 충실함의 기준에 관한 성경 말씀을 상기하며, 그것을 따르기로 결심하고 곧바로 실행하라. 특정 임무를 우상화하고 있는 자신의 모습을 발견하면 회개하라.

나태함과 우상화가 한 쌍을 이룰 수도 있다는 사실을 기억해야 한다. 한 영역에서 나태하다면 다른 영역을 우상화하고 있을 가능성이 크다. 특정한 책무를 너무 강조하거나 너무 소홀히 하고 있지 않은가 돌아보라. 모든 임무가 예수님을 따르며 그분께 영광 돌리는 첫 번째 책무에 부합하게 하라.

4. 더 많은 결실을 맺을 수 있는 영역을 찾아보라

시간과 에너지를 좀 더 투자함으로써 더 많은 결실을 얻을 수 있는 영역이 있는가? 예를 들어 교회에서 어떤 사역을 맡거나 성경공부 모임의 리더가 될 것을 고려해 볼 수 있다. 배우자와 함께 여가 시간을 보내기 위해 어느 정도 일을 느슨하게 할 수도 있다. 승진을 고려할 때일 수도 있다.

그러나 전혀 여유가 없을 수도 있다. 모든 임무에 충실하다면 죄책감을 느낄 필요가 없다. 여유가 없다는 것은 그만큼 꽉 채워져 있다는 뜻이다. 매일 충실하게 살아가며 필요할 때 여분의 공간을 열어 주시는 하나님을 신뢰하라.

결론

각자의 상황에 따라 다른 전략과 다른 결정이 요구된다. 그렇기 때문에 우리의 삶과 임무를 평가하는 것은 10년에 한 번 해야 할 일이 아니다. 모든 책무에 충실할 수 있도록 정기적으로 점검해야 한다.

다른 사람의 삶을 기준으로 자신을 판단하지 말자. 성경에 제시된 충실함의 기준은 여러 사람에게 유사하게 적용될 수 있다. 그러나 여분의 시간을 교회 장로로서 봉사하는 데 쓰는 친구를 보고 자신도 같은 일을 해야 한다고 생각할 필요는 없다. 일단 나태함, 충실함, 더 많은 결실 추구, 우상숭배의 차이점을 이해하면 불필요한 죄책감에서 벗어날 수 있다.

하나님은 우리의 여러 임무들이 서로 무관하지 않게 하셨다. 한 영역에서 실패하면 다른 영역에서도 실패하는 경우가 많다. 반면에 우리가 모든 임무에 충실하면 그것들이 함께 작용하여 더 많은 결실로 이어질 것이다.

직장에서 고객의 불만을 해결하는 방법을 익히고, 교회에서는 교인들의 의문에 답해 줌으로써 공동체의 연합을 원활히 유지하는 데 기여할 수 있다. 한 영역에서 쌓은 기술이 다른 영역에도 도움이 된다. 그래서 모든 영역에서 결실이 많아진다.

사실 어떤 면에서는 굳이 균형을 생각할 필요가 없다. 하나님께 받은 임무들은 서로 경쟁 관계에 있지 않다. 그럴 수가 없다. 그것들은 모두 무한히 지혜로우신 하나님에 의해 주어졌기 때문이다.

우리의 모든 임무는 예수님을 따르며 그분을 영화롭게 해야 한다는 제1책무의 일부일 뿐이다. 이 점을 명심하자. 그러면 나태함과 우상숭배를 피할 수 있고, 주님이 주시는 능력으로 더 많은 결실을 맺을 수도 있다. 궁극적으로 우리는 왕이신 예수님의 영광을 위해 일한다.

+ 더 생각해 보기

1. 마태복음 6:25-34; 데살로니가후서 2:14; 요한복음 17:6; 에베소서 2:10, 6:4; 히브리서 10:24-25; 고린도전서 3:5-9; 데살로니가전서 4:10-12; 에베소서 4:28; 잠언 23:4을 읽고 묵상하라.

2. 당신의 삶 또는 주변 사람들의 삶에서 일을 주신 하나님보다 그 일 자체를 더 중시한 사례를 생각해 보라. 이러한 우선순위의 역전은 어떤 결과를 초래하는가?

3. 당신이 하나님께 받은 책무들(교회, 가정, 관계, 일 등에 관한 책무) 중에서 그분보다 더 우선시하는 것은 무엇인가? 이런 성향을 제지하기 위해 그리스도인 친구들이 어떤 도움을 줄 수 있을까?

4. 가족, 교인, 직장 동료와의 관계에서 충실함은 무엇을 뜻하는가? 이번 주에 그리스도인 친구와 함께 이 문제를 심층적으로 토론해 보라.

5. 예수님은 우리를 제자로 부르셨다. 다른 책무들에 집중하느라 그분과 함께하는 시간을 소홀히 하는가? 이런 태도가 영적 성장에 어떤 악영향을 미치는가?

6. 한 영역에서 충실함과 더 많은 결실을 추구하는 것은 여러 영역 사이에서 균형을 추구하는 것과 어떻게 다른가?

7. 이윤을 추구하는 회사 일이 전임 사역만큼 의미가 있을까?

대학 졸업 후 나(세바스찬)의 첫 직장은 컨설팅 회사였다. 거기서 많은 훈련을 받았고 보수도 넉넉했지만 내가 하는 일에 만족할 수 없었다. 더 많은 이윤을 얻도록 회사들을 돕는 일이 내게는 별 의미가 없는 듯했다. 그 후 나는 여러 직업을 경험하며 일의 의미에 관한 의문을 품게 되었다. 은행 자회사들이 합병하도록 돕거나 공익 기업의 가격 결정권을 돕는 일은 시간 낭비가 아닐까? 이런 일을 통해 하나님께 영광 돌릴 수 있을까?

일의 의미를 찾으려는 노력은 흔하다. 우리는 자신의 일이 무의미한 시간 낭비라는 생각 때문에 고민하는 사람들을 많이 보았다. 그들은 목회자나 선교사를 보면서 '저게 의미 있는 일이야', '저 일과 비교하면 교통 문제 해소를 위해 육교를 설계하는 일 따위는 별 가치가 없어'라고 생각한다. 사실일까? 하나님의 눈에 더 가치 있게 보이는 직업들이 따로 있을까? 시간을 낭비하지 않으려면 '무의미한' 일을 그만두고 선교 단체에 지원해야 할까? 이 물음에 대한 답은 당연히 "그렇지 않다"이다.

자신의 직업을 무가치하게 여기는 것은 궁극적으로 나태한 사고방식에서 비롯된다. 자신의 일에서 하나님의 목적을 보지 못하면 다른 사람의 일을 보면서 '나도 저 일을 하는 게 좋겠어'라고 생각하기 쉽다. 그런가 하면 일을 우상으로 섬기는 사람은 왜 자신의 일이 다른 사람들의 일보다 더 의미 있는지를 입증하려고 일에 집착한다.

두 가지 사고방식 모두 그릇되다. 직업에 상대적인 가치를 부여하는 것은 결과적으로 무익하다. 세상은 너무나 복합적이므로 특정한 직업만을 가치 있는 것으로 간주할 수 없다. 이 책에서 일관되게 제시해 온 핵심 개념은 일의 가치가 특정한 일에서 발견되지 않는다는 것이다. 일의 가치는 우리가 무엇을 하든 우리 왕을 위해 한다는 사실에서 발견된다.

하나님이 보시기에 어느 직업이 더 가치 있는가에 관한 논의는 가장 큰 자가 누구인지를 놓고 언쟁을 벌였던 제자들을 연상시킨다. 그들은 모두 나름대로 자신이 있었다. 베드로는 자기가 예수님을 그리스도로 처음 고백했다는 사실을 내세웠을 것이다. 요한은 예수님이 자신을 가장 사랑하신다고 말했을 것이다. 바돌로매 역시 할 말이 있었을 것이다. 하지만 그런 건 중요하지 않았다. 그 모든 얘기가 어리석고 죄악되었기 때문에 예수님은 모두를 꾸짖으셨다. 누구의 직업이 가장 위대한지에 관한 우리의 논의에 대해서도 예수님은 비슷하게 반응하실 것이다.

맡기신 임무는 같다

마음속에 '맡기신 임무는 같다'라는 생각이 자리 잡았다면, 이제 어느 직업을 선택하는가 하는 문제는 우리 삶의 작은 부분일 뿐임을 인식해야 한다. 우리가 무슨 직업을 갖든 하나님이 우리에게 맡기신 임무는 같다.

두 사람에 대해 생각해 보자. 세바스찬은 사업가이고 그렉은 목회자다. 이들 각자에게는 일주일에 168시간이 주어진다. 둘 다 하루에 7, 8시간씩 잔다. 만일 둘 다 맡은 임무를 성경적으로 성실하게 감당한다면, 그들은 깨어 있는 시간의 약 65퍼센트에 해당하는 시간 동안 같은 일을 하는 셈이다. 그들은 교회를 섬긴다. 자신의 아내를 사랑하며 자녀를 양육한다. 친구나 이웃과 함께 시간을 보낸다. 지인들이 문제를 해결하는 데 도움을 주며, 그들에게 복음을 전할 기회를 모색한다. 그리고 약 35퍼센트에 해당하는 나머지 시간에 그들은 각자의 일터로 가서 왕이신 예수님을 위해 신실하게 일한다.

핵심을 파악하겠는가? 두 사람의 삶을 전체적으로 보면 그들 각자가 하는 일에는 별 차이가 없다. 심지어 각기 다른 일터에서도 그들은 예수님을 따르며 일을 통해 그분께 영광 돌리는 같은 책무를 담당한다. 따라서 하나님이 보시기에 둘 중 한 사람이 다른 사람에 비해 더 가치 있는 삶을 산다고 말하는 건 어리석다.

하나님은 무엇을 가치 있게 여기실까?

깨어 있는 시간의 약 35퍼센트에 대해서는 어떠한가? 누구의 35퍼센트가 하나님 보시기에 더 가치 있을까? 하나님이 사업가나 경찰관의 일보다 목회자의 일을 더 가치 있게 보실까? 그렇지 않다. 하나님이 원하시는 대로 우리를 각자의 일에 배치하신다. 하나님이 무엇을 가치 있게 여기시는지는 우리가 논쟁할 사항이 아니다.

다윗은 이스라엘의 왕으로 선택되었다. 하나님이 다윗에게 그 직책을 맡기실 거라고는 누구도 생각하지 않았다. 다윗의 형들은 그보다 나이가 많고 키가 크고 힘이 셌다. 그들은 군인이었다. 누구나 목동보다는 군인이 하나님 눈에 더 가치 있게 보인다고 생각할 것이다. 그러나 왕에게 기름 부을 시점이 되었을 때 하나님은 목동을 선택하셨다.

이스라엘 민족에 관한 이야기 전체가 이 점을 강조한다. 이스라엘은 강력하거나 부유하지 않았다. 엄밀히 말해 초창기에는 나라도 아니었다. 만일 당시 세상의 여러 나라 중 어느 나라가 가장 가치 있었는지 따져 본다면, 이스라엘은 뒤로 한참 밀려날 것이다. 그럼에도 하나님이 그들을 택하여 자기 백성과 소유, 눈동자로 삼으셨다(신 7:6, 32:10). 그분이 이스라엘 같은 약소국을 다른 나라보다 더 귀하게 여기실 거라고 누가 짐작이나 했겠는가?

마태복음의 포도원 품꾼 비유도 같은 맥락에서 이해된다.

"천국은 마치 품꾼을 얻어 포도원에 들여보내려고 이른 아침에 나간 집 주인과 같으니 그가 하루 한 데나리온씩 품꾼들과 약속하여 포도원에 들여보내고 또 제삼시에 나가 보니 장터에 놀고 서 있는 사람들이 또 있는지라 그들에게 이르되 너희도 포도원에 들어가라 내가 너희에게 상당하게 주리라 하니 그들이 가고 제육시와 제구시에 또 나가 그와 같이 하고 제십일시에도 나가 보니 서 있는 사람들이 또 있는지라 이르되 너희는 어찌하여 종일토록 놀고 여기 서 있느냐 이르되 우리를 품꾼으로 쓰는 이가 없음이니이다 이르되 너희도 포도원에 들어가라 하니라 저물매 포도원 주인이 청지기에게 이르되 품꾼들을 불러 나중 온 자로부터 시작하여 먼저 온 자까지 삯을 주라 하니 제십일시에 온 자들이 와서 한 데나리온씩을 받거늘 먼저 온 자들이 와서 더 받을 줄 알았더니 그들도 한 데나리온씩 받은지라 받은 후 집 주인을 원망하여 이르되 나중 온 이 사람들은 한 시간밖에 일하지 아니하였거늘 그들을 종일 수고하며 더위를 견딘 우리와 같게 하였나이다 주인이 그 중의 한 사람에게 대답하여 이르되 친구여 내가 네게 잘못한 것이 없노라 네가 나와 한 데나리온의 약속을 하지 아니하였느냐 네 것이나 가지고 가라 나중 온 이 사람에게 너와 같이 주는 것이 내 뜻이니라 내 것을 가지고 내 뜻대로 할 것이 아니냐 내가 선하므로 네가 악하게 보느냐 이와 같이 나중 된 자로서 먼저 되고 먼저 된 자로서 나중 되리라"(마 20:1-16).

이 이야기의 요점은 간단하다. 하나님의 가치 기준을 우리의 기준과 동일시해서는 안 된다는 것이다. 품꾼들은 나름의 가치 기준을 내세웠다. 한 시간 일해서 한 데나리온을 번다면, 열두 시간 일하면 열두 데나리온을 벌어야 했다. 그러나 모든 돈이 주님의 것이기에 그분은 자신의 은혜에 따라, 자신의 방식대로 임금을 지불하실 수 있다. 그분은 품꾼들의 가치 기준을 따르지 않으셨다.

우리 역시 나름의 기준에 따라 사람들과 그들이 하는 일의 가치를 결정하려 한다. 때로 우리의 기준은 성공이나 공리주의가 된다. 아니면 우리 눈에 얼마나 영적으로 보이는지를 기준으로 삼기도 한다. 그래서 교회에서 하는 일을 회사 사무실에서 하는 일보다 더 가치 있다고 생각한다.

포도원 품꾼 비유는 이 같은 생각의 한계를 보여 준다. 가치 있는 것과 상급을 받을 자격에 대한 우리의 기준은 하나님의 기준과 일치하지 않는다. 직업의 상대적 가치에 관한 논의가 그릇된 것도 바로 이 때문이다.

우리가 영예롭게 여기는 것을 항상 하나님도 영예롭게 여기시지는 않는다. 우리가 간과하는 것을 항상 하나님도 간과하시지는 않는다. 그분의 기준은 그분의 주권에 속한 것이다. 하나님이 자기 백성에게 상을 주시거나 벌을 내리실 때 자기 판단에 따르시며, 그 판단은 항상 옳다.

머리, 어깨, 무릎, 발

만일 가치 있는 직업이 따로 있는 게 아니라면, 우리는 여러 직업에 대해 어떻게 생각해야 할까? 로마서에서 바울은 예수님이 지역 교회에 공급하시는 각종 은사에 대해 설명한다.

> "내게 주신 은혜로 말미암아 너희 각 사람에게 말하노니 마땅히 생각할 그 이상의 생각을 품지 말고 오직 하나님께서 각 사람에게 나누어 주신 믿음의 분량대로 지혜롭게 생각하라 우리가 한 몸에 많은 지체를 가졌으나 모든 지체가 같은 기능을 가진 것이 아니니 이와 같이 우리 많은 사람이 그리스도 안에서 한 몸이 되어 서로 지체가 되었느니라 우리에게 주신 은혜대로 받은 은사가 각각 다르니 혹 예언이면 믿음의 분수대로, 혹 섬기는 일이면 섬기는 일로, 혹 가르치는 자면 가르치는 일로, 혹 위로하는 자면 위로하는 일로, 구제하는 자는 성실함으로, 다스리는 자는 부지런함으로, 긍휼을 베푸는 자는 즐거움으로 할 것이니라"(롬 12:3-8).

위 본문은 지역 교회에 관한 내용이지만, 여기서 제시한 원칙을 사회 전반에도 적용할 수 있다. 직업에 대해 생각할 때 우리는 어느 직업이 더 가치 있는지 따지려 들 것이 아니라 모두가 협력하여 한 몸과 같이 조화로운 전체를 이룬다는 사실을 떠올려야 한다.

이와 관련하여 바울은 고린도전서 12장 17-19절에서 다음과 같이 말한다.

> "만일 온 몸이 눈이면 듣는 곳은 어디며 온 몸이 듣는 곳이면 냄새 맡는 곳은 어디냐 그러나 이제 하나님이 그 원하시는 대로 지체를 각각 몸에 두셨으니 만일 다 한 지체뿐이면 몸은 어디냐."

몸의 어느 부위가 가장 가치 있는지를 어떻게 결정하겠는가? 눈과 귀, 뇌와 심장 중에 어느 것을 포기하겠는가? 만일 엄지손가락이 귀로 변한다면 어떻게 되겠는가? 하나님이 우리 몸을 한 부위로만 만들지 않으셨듯이 교회도 한 지체로만 이루어지게 하지 않으셨다.

이 원칙은 더 넓은 세계에도 적용된다. 하나님이 어떤 사람들을 목회자나 선교사로 세우신 것은 사실이다. 그러나 경찰관, 교사, 목수, 사업가, 판매원, 형사, 웨이터, 국회의원 등 다른 여러 직업에 종사하는 자들도 세우신다. 이들 모두가 협력하여 사회 전체를 순탄하게 유지한다.

우리는 모두 어느 직업이 중요하며 또 어느 직업이 덜 중요한지에 대해 나름의 생각을 지니고 있다. 하지만 인간 사회라고 하는 전체 '몸'에 기여하는 일을 하는 사람은 누구도 자신의 일을 무가치한 것으로 여겨서는 안 된다.

바울이 교회에 관해 썼듯이, 더 약하게 보이는 몸의 지체가 도리어 요긴하다(고전 12:22). 우리가 덜 중요시했던 직업들이 생각보다 더 중요한 경우도 있다. 교회와 마찬가지로 사회도 여러 관계가 서로 연결된 유기체다. 한 사람의 일이 작고 무의미해 보일지라도 다른 사람들의 삶에 영향을 미친다.

만일 당신의 직업이 무가치하게 여겨진다면 아무도 당신의 일을 하지 않을 경우 사회가 어떻게 될지를 생각해 보라. 없어도 되는 직업은 없다. 반대로 만일 당신이 자신의 직업을 세상에서 가장 중요한 것으로 여긴다면 고린도전서 12장 21절에 나타난 경고에 유의해야 한다.

"눈이 손더러 내가 너를 쓸 데가 없다 하거나 또한 머리가 발더러 내가 너를 쓸 데가 없다 하지 못하리라"(고전 12:21).

만일 '덜 중요한' 직업들이 모조리 사라진다면 어떻게 되겠는가? 당신의 직업은 계속 유지될 수 있겠는가? 신체의 나머지 부위가 없다면 눈이 무슨 기능을 하겠는가? 머리를 지원하는 다른 신체 부위들이 없다면 머리가 무슨 기능을 하겠는가? 아무 기능도 하지 못한다.

우리는 자신의 직업이 가장 가치 있다고 핏대를 올리며 주장할 수 있다. 하지만 우리의 직업은 사회 전체를 유지하는 여러 직업 중 하나일 뿐이다. 다른 직업들이 없다면 우리의 직업도 기능을 멈출 것이다.

요컨대 직업을 가치로 차별화하는 것은 부질없는 일이다. 바울은 로마서 12장과 고린도전서 12장에서 이 사실을 분명히 했다. 그가 내린 결론은 교회에서 가장 가치 있는 은사가 무엇인지 묻는 질문이 그릇됐다는 것이다.

교회라는 전체 몸은 다양한 은사들이 협력함으로 존속된다. 만일 우리가 어떤 은사를 제거하거나 한 부위만으로 전체 몸을 이루려 한다면, 전체는 물론이고 각 지체도 타격을 입는다. 각 지체가 서로 보완하며 협력할 때 비로소 아름다운 조화를 이루기 때문이다.

사회의 다양한 직업도 마찬가지다. 그 어떤 직업도 홀로 존속할 수 없다. 하나님은 모든 직업으로 하나의 몸을 이루게 하신다. 우리 각자의 역할은 서로 보완하며 지원함으로 사회 전체를 건강하게 존속시키는 것이다.

하나님이 배치하신다

어느 직업이 가장 소중한지를 규정하는 논리적인 공식 따윈 없다. 우리 모두가 목회자일 수 없으며, 우리 모두가 경찰관일 수도 없다. 그럼 이 모든 직업은 어떻게 결정될까? 간단하다. 왕께서 자신의 뜻대로 우리를 배치하신다. 그의 목적을 가장 잘 실현할 수 있는 곳에 우리를 보내신다.

하나님은 어떤 사람들을 목회자나 선교사로, 또 어떤 사람들을 교사나 사업가로 배치하신다. 궁극적으로 이 모든 것은 그분께 달렸다. 따라서 자신이 그다지 원치 않는 곳에서 일한다고 너무 낙심하지 말자. 하나님이 우리를 그곳에 배치하신 데에는 이유가 있다.

나중에 우리를 다른 곳에 배치하실지도 모른다. 그래서 지금 우리가 익히는 기술을 다음 직장에서 유용하게 사용할 수도 있다. 우리는 현재 왕께서 맡기신 일을 잘 해내면 된다.

창세기에 기록된 요셉 이야기를 생각해 보라. 요셉이 보디발의 집에서 일하기를 원했을까? 그렇지 않다. 그는 형제들에 의해 종으로 팔려 갔다. 그는 아버지의 집으로 돌아가기를 원했다. 하지만 그가 보디발의 집에서 신실하게 일한 것은 궁극적으로 하나님을 섬기고 있다고 생각했기 때문이다.

보디발에 의해 감옥에 갇혔을 때에도 요셉은 놀라운 성실함을 보였다. 감옥에서 요셉은 자신에게 주어진 일을 성실하게 감당했다. 그가 하나님의 이름으로 일했기 때문이다. 현재 왕께 받은 일이 우리 자신의 선택에 의한 것이 아닐 수도 있다. 하지만 그분을 신뢰하자.

어떤 형태로든 하나님을 섬길 수 있다는 것은 위대한 특권이요 축복이다. 우리를 사용하시는 그분의 지혜를 신뢰하자. 그분의 판단을 신뢰하자. 어떤 곳에 배치되든 우리가 하는 모든 일로써 그분을 섬기자.

하나님이 우리를 어디에 배치하기 원하시는지 어떻게 알 수 있을까? 우리의 다음 직장을 명시한 이메일이 하늘에서 발송되는 건 아니지만, 우리는 현재 직장에 대해 "지금은 하나님이 나를 이곳에 보내셨다"라고 말할 수 있다. 장래의 직장을 추측하기란 어렵다.

하나님의 뜻을 분별하는 것을 주제로 삼은 책들이 많다. 여기서 그 주제에 대해 장황하게 설명할 수는 없다. 다만 지금 말할 수 있는 것은 이 주제가 많은 그리스도인이 생각하는 것보다 간단할 수도 있고 더 복잡할 수도 있다는 사실이다.

생각보다 간단한 이유는 우리가 어떤 일을 하기 '원하고' 그 일을 해낼 '은사'를 지녔으며 지금 그 일을 할 수 있는 '기회'가 주어졌다면, 그것을 하나님의 뜻으로 이해할 수 있기 때문이다. 이런 상황에서는 굳이 하늘의 표적을 기다릴 필요가 없다. 하나님은 보물찾기 놀이를 하듯 자기 뜻을 우리에게 감추지 않으신다. 일의 영역에서 하나님의 뜻을 분별하는 것은 단순히 열망, 은사, 기회의 문제다.

그런가 하면 하나님의 뜻을 분별하는 일이 생각보다 복잡할 수도 있다. 이는 깊은 생각, 기도, 경건한 조언을 필요로 한다. 자신의 열망을 면밀히 점검하며 거기에 죄가 끼어들지 않았는지 살펴야 한다. 나아가 자신의 은사와 재능에 대해 솔직해지고, 자신이 바라는 일을 하지 못하게 된 상황에서도 만족할 줄 알아야 한다.

앞을 내다보고 장래의 가능성을 꿈꾸며 다음번에 하나님이 우리를 어디에 배치하실지 숙고하는 것은 전혀 잘못된 일이 아니다. 만일 우리가 자신의 은사와 재능에 꼭 들어맞고 당장 취업할 수 있으며 진정으로 바라던 직업을 찾았다면, 5장을 다시 읽어 보며 그 직업을 선택하자. 만일 그렇지 않다면, 현재의 일터로 부르신 주님을 신뢰하자. 그분이 당신을 부르시는 이유는 언제나 선하다.

결론

당신의 직업은 목회자라는 직업보다 덜 중요한가? 그렇지 않다. 이는 심장이 뇌보다 덜 중요하고 보병이 포병보다 덜 중요하다고 말하는 것과 같다. 즉 직업에 있어 중요한 건 '가치'가 아니라 '소명'이다. 하나님이 무슨 일을 맡기려고 우리를 부르셨는가? 달리 말해서, 하나님이 우리에게 무엇을 할 열망과 능력과 기회를 주셨는가?

하나님은 어떤 사람을 지역 교회의 전임 사역자로 부르신다. 이는 고귀한 소명이다. 또 어떤 사람을 변호사나 의사나 군인이나 정치가나 판매원이나 경영자로 부르신다. 이들 역시 고귀한 소명이다. 왜냐하면 이 모든 것이 협력하여 사회 전체의 기능을 정상적으로 유지시키기 때문이다.

하나님이 무슨 일을 맡기려고 당신을 부르셨는가? 당신이 하고 싶은 일은 무엇이며, 하나님이 당신에게 주신 능력과 기회는 어떤 것인가? "세상에서 가장 가치 있는 일은 X다"라는 방정식에 연연하지 말고 이같이 스스로 물어볼 필요가 있다. 중요한 건 일 자체의 가치가 아니라 '하나님이 당신에게 맡기신 일을 하고 있는가', '그 일을 잘 감당하고 있는가'이다.

+ 더 생각해 보기

1. 마태복음 20:1-16; 로마서 12:3-8; 고린도전서 12:12-27을 읽고 묵상하라.

2. 당신의 일이 전임 사역자의 일보다 가치 없다고 느껴졌던 적이 있는가? 무엇 때문에 그런 느낌을 받았는가?

3. 당신의 직업을 다른 직업보다 더 소중하거나 덜 소중하다고 여기는 것이 왕을 섬기는 자의 올바른 사고방식이 아닌 이유는 무엇일까?

4. 당신이 여러 직업에 가치를 부여하는 기준은 돈인가, 권력인가, 명성인가? 직업을 바라보는 성경적인 관점은 무엇인가?

5. 당신은 전임 사역에 대해 생각해 본 적이 있는가? 그 이유는? 당신의 동기를 다른 사람과 함께 평가해 보라.

6. 당신이 목회자라면 다양한 직업을 가진 교인들을 올바로 세울 수 있는 방법이 무엇일지 고민해 보라.

part 3
직장과 신앙의 접점 찾기

일터에서 복음으로 살며,
참된 소명의 여정을 시작하기
위한 지침을 제시한다.

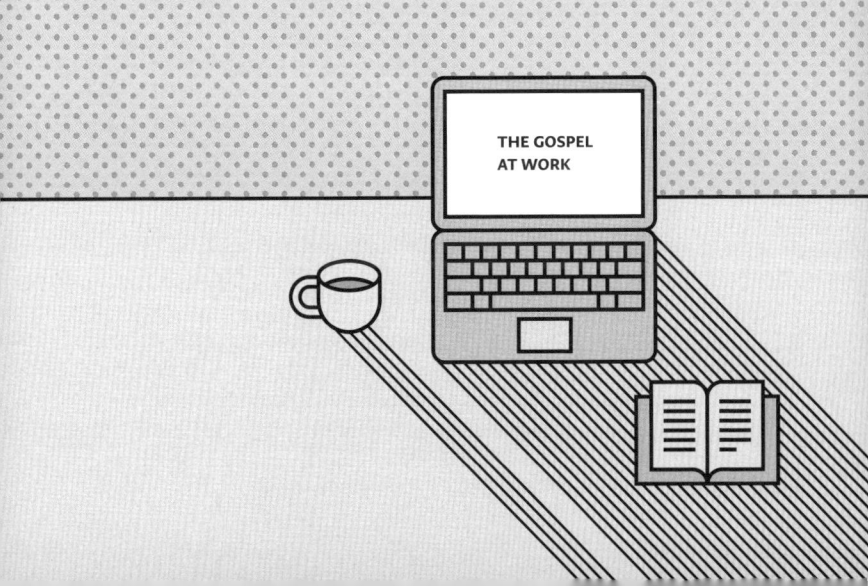

8. 껄끄러운 상사와 동료를 대하는 법

당신은 직장 상사를 좋아하는가? 동료들은 어떠한가? 직장생활에서 가장 힘든 것이 함께 일하는 사람들과의 문제일 수 있다. 냉담하고, 무능하고, 편파적이고, 비합리적이고, 지나치게 경쟁적인 사람들과 같이 일하는 것은 고통스럽고 실망스럽다.

하지만 솔직해지자. 직장 동료나 상사, 종업원과의 관계에서 겪는 어려움은 사실 나 자신과 관련되어 있는 경우가 많다. 이 책에서 거듭 언급했듯이, 우리는 일을 죄악되고 이기적인 방식으로 생각하는 경향이 있다. 이런 경향은 함께 일하는 사람들과의 관계로도 확장된다.

우리가 일을 우상으로 삼으면 상사를 장애 요소로, 직장 동료를 경쟁자로 인식할 것이다. 이 경우 동료들에 대한 태도는 자신의 목표 달성에 그들이 어떤 역할을 하느냐에 달려 있다. 상사는 당신의 일을 가로채며 동료는 당신의 일을 호시탐탐 엿보고 있다. 반대로 일에 나태해질 경우 상사를 경멸하고 동료를 나의 불평에 대한 반응을 확인하는 수단으로 여길 것이다.

우리의 죄악이 항상 쉽게 포착되는 건 아니다. 그러나 자신에게 솔직해지면 위의 문제들이 우리 마음속에 자리 잡은 우상숭배나 나태함의 쓰디쓴 결실임을 알게 된다. 일에 관한 불경건한 생각이 동료들에 대한 불경건한 생각을 갖게 한다.

이 책에서 얘기하고 있는 성경적 세계관은 직장 동료들에 대한 우리의 죄악된 태도에 일침을 가한다. 나아가 동료들을 장애 요소나 경쟁자가 아니라 하나님의 형상을 따라 지음받고 하나님의 사랑을 받는 사람으로 보게 한다. 그리하여 사랑이 인색한 일터와 같은 곳에서 자신을 사랑하듯 이웃을 사랑함으로 우리가 자유롭도록 한다.

믿음으로 섬김

복음은 일뿐만 아니라 함께 일하는 사람들에 대한 사고방식에도 영향을 미친다. 우리가 예수님을 위해 일하며, 우리의 첫 번째 임무가 그분을 따르는 것임을 일단 자각하면 일이 더 이상 자신만을 위한 것이 아님을 깨닫는다. 우리의 직업은 하나님을 예배하고 그분께 영광 돌리는 영역이다. 이렇게 하기 위한 첫 번째 방법은 하나님을 사랑하는 것이고, 두 번째 방법은 다른 사람들을 사랑하는 것이다.

다음 말씀을 읽어 보자.

"종들아 모든 일에 육신의 상전들에게 순종하되 사람을 기쁘게 하는 자와 같이 눈가림만 하지 말고 오직 주를 두려워하여 성실한 마음으로 하라 무슨 일을 하든지 마음을 다하여 주께 하듯 하고 사람에게 하듯 하지 말라 이는 기업의 상을 주께 받을 줄 아나니 너희는 주 그리스도를 섬기느니라 불의를 행하는 자는 불의의 보응을 받으리니 주는 사람을 외모로 취하심이 없느니라 상전들아 의와 공평을 종들에게 베풀지니 너희에게도 하늘에 상전이 계심을 알지어다"(골 3:22-4:1).

이 본문은 직장 동료들과의 관계를 어떻게 조명하는가? 바울은 고용인과 피고용인에 대해서가 아니라 종과 주인에 대해서 말한다. 하지만 메시지의 적용 원칙은 같다. 우리가 다른 사람들을 대할 때 하나님이 보고 계심을 분명히 자각해야 한다.

골로새서 본문을 오늘날의 직장에 적용할 때 다소 불편함을 느끼는 것이 사실이다. 마치 노예 제도를 인정하는 듯한 인상을 받기 때문이다. 많은 사람이 로마의 노예 제도가 대영 제국이나 미국의 노예 제도와는 현저히 달랐다고 주장한다. 그 주장에도 일리가 있다. 하지만 로마의 노예 제도 역시 정상적인 고용-피고용의 관계를 보장하지는 않았다. 때로는 누군가를 죽음으로 몰아넣기도 하는 부당한 강제 노역 시스템이었다.

신약성경 기자들이 노예 제도의 존재를 받아들인 듯한 사실에 대해 우리는 의아해할 수 있다. 이 주제를 다룬 책들도 많다. 예수님과 사도들의 목표가 사회 체제 개혁보다 더 깊은 것이었다는 설명도 가능하다. 그들의 목표는 문제의 뿌리, 인간 심령의 죄악된 상태를 해결하는 것이었다.

부당한 사회 체제인 노예 제도를 바꾸는 것이 문제의 장기적인 해결책이 될 수는 없었다. 설령 로마의 노예 제도가 사라졌다고 해도 인간의 죄악된 마음은 또 다른 억압 방법을 찾아냈을 것이다. 따라서 어떤 체제 아래에 있든 예수님과 제자들이 목표로 삼은 것은 인간의 마음이다.

바울과 다른 신약성경 기자들이 언급한 노예 제도는 오늘날의 고용-피고용 관계와는 어느 정도 거리가 있다. 하지만 그들이 주장하는 원칙들은 여전히 중요하다. 왜냐하면 복음의 진리를 근원적인 문제, 즉 우리 마음의 죄악된 상태에 적용하기 때문이다. 우리는 모두 다른 누군가를 섬기도록 부름받았다. 그런데 이 사실에 대해 우리 마음이 본능적으로 반발하기 때문에 우리는 모두 지적받을 필요가 있다.

골로새서 본문에서 바울은 '권세자들을 섬기는' 그리스도인으로서의 책무를 생각하라고 촉구한다. 만일 우리가 피고용인이라면, 바울의 말들 중 대부분은 우리에게도 적용될 수 있다. 우리가 예수님을 영화롭게 하는 방법들 중 하나는 다른 사람들의 유익을 위해 헌신하는 것이다. 직장 상사도 그들 중 하나다.

바울은 '모든 일에' 우리 위의 권세자들에게 복종할 것을 지시한다. 물론 직장 상사의 지시가 우리 생각에 우둔해 보일 수 있다. 하지만 지시 내용이 죄악되지 않다면 우리는 그것에 따라야 한다. 더욱이 '마음을 다하여 주께 하듯' 해야 한다. 이렇게 하는 것이 예수님께 영광 돌리는 길이다.

또한 상사가 우리를 보고 있든 그렇지 않든 우리의 복종은 한결같아야 한다. 하나님이 우리를 보고 계시기 때문이다. 언제나 그분이 보고 계심을 명심하고 마음을 다하여 성실히 해야 한다. 분기별 실적 고과보다 하나님의 눈을 더 의식해야 한다.

바울은 다른 사람들에게 권위를 행사하는 자들에게도 같은 원칙을 적용한다. 피고용인이 지켜보시는 하나님을 기억해야 하듯이 고용인도 그래야 한다. "상전들아 의와 공평을 종들에게 베풀지니 너희에게도 하늘에 상전이 계심을 알지어다"(골 4:1)라고 바울은 말한다. 이것은 공정한 임금 지불 이상을 당부하는 내용이다. 공정한 '대우'를 당부한 것이다. 피고용인들을 무례하고 매정하게 대하는지 아니면 친절과 다정함, 사랑과 인내로 대하는지 하나님은 보고 계신다.

일에 관한 복음적 관점은 직장 동료들에 대해서는 물론이고 상사에 대해서도 달리 생각하게 만든다. 우리는 궁극적으로 예수님을 위해 일하며, 믿음을 바탕으로 최선을 다하는 것을 직장에서의 주된 책무로 여겨야 한다. 우리는 예수님을 사랑하고 다른 사람들을 섬기기 위해 일한다. 설령 상사가 힘들게 하고 동료들이 비열하게 굴더라도 우리는 그들을 섬겨야 한다. 그렇게 하는 것이 우리의 왕께 영광 돌리는 길이기 때문이다.

직장에서 믿음으로 섬기는 종이 된다는 것은 무슨 뜻일까? 하나님을 향한 믿음과 복음의 진리로 직장에서 섬기는 사람임을 보여 주는 표시들은 다음과 같다.

표시 1: 불평하지 않으려는 결심

일하면서 불평하지 않는 것은 강력한 표시이다. 직장에서는 불평을 쉽게 들을 수 있기 때문이다.

"모든 일을 원망과 시비가 없이 하라 이는 너희가 흠이 없고 순전하여 어그러지고 거스르는 세대 가운데서 하나님의 흠 없는 자녀로 세상에서 그들 가운데 빛들로 나타내며 생명의 말씀을 밝혀 …"(빌 2:14-16).

불평하지 않는 사람은 놀라운 영향력을 발휘한다. 불평이나 시비를 삼가면 우리는 하늘의 별처럼 빛날 것이다. 생명의 말씀을 밝힐 것이다. 불평하지 않는 단순해 보이는 일로 인해 이처럼 놀라운 결과가 나타난다.

바울은 불평을 억제하는 것이 쉽다고 말하지 않는다. 사실 그것은 너무나 힘든 일이다. 상황이 열악하여 불평할 만할 때 우리는 자연히 그 사실을 사람들에게 알리고 싶어 한다. 하지만 결코 불평하지 않겠다고 단호하게 결심할 때 우리는 직장에서 믿음으로 섬기게 된다.

표시 2 : 권위에 대한 흔쾌한 복종

두 번째 표시는 마음에 관한 것이다. 상사들이 우리에게 죄악을 종용하지 않는 한, 우리는 가식적인 미소나 화를 품은 마음이 아니라 '성실한 마음으로'(골 3:22) 그 권위에 복종해야 한다. 친절하며 호의적인 상사에게 복종하는 건 쉽다. 따라서 거만하고 이기적인 상사를 대하는 모습에서 진정으로 예수님을 위해 일하고 있는지가 드러난다.

한 친구가 자신의 분야에서 탁월한 역량을 지닌 사람 밑에서 일했다. 하지만 그 사람은 탐욕스럽고 직원들에게 말을 함부로 했다. 작은 문제라도 보이면 습관적으로 소리를 질러 댔다. 친구가 그를 상대로 소모전을 치르기는 쉬웠을 것이다. 즉 동료들 앞에서 그를 비방하고 고의로 일을 지연시키며 경쟁사에 민감한 정보를 몰래 넘겨주기는 쉬웠을 것이다.

하지만 친구는 기독교 신앙을 가졌기 때문에 다른 방법을 택했다. 자신을 고용한 분이 예수님이라는 생각에서 상사와 대항하여 싸우기보다는 '성실한 마음으로' 복종하기로 했다. 그래서 사람을 위해서가 아니라 주를 위해 일하는 자로서 마음을 다해 일할 수 있었다.

친구는 외부 사람들 앞에서 사장에 대해 좋게 말하려고 무진 애를 썼다. 사장의 명성과 회사의 비밀을 지켰으며 언제나 그를 존중하려고 노력했다. 그리고 사장이 예수님을 믿어 죄를 회개하고 구원받을 수 있기를 기도했다.

서글프게도 이 이야기의 결말은 해피엔딩이 아니다. 사장은 회심하지 않았고 극적인 변화도 없었다. 사장은 그 친구가 얼마나 노력하는지 관심 없어 보였다. 하지만 중요한 건 사장이 아는지의 여부가 아니다. 하나님이 보셨다는 것이 중요하다.

어떤 이유에서든 친구를 그 시점에 그 직장에 보낸 분은 하나님이셨다. 그래서 친구는 그곳에서 왕께 영광을 돌리고자 했다. 그가 그렇게 행동한 것은 사장이 훌륭해서가 아니었다. 전혀 그렇지 않았다. 오직 왕이신 예수님을 생각해서였다. 그리스도를 섬기듯이 못된 사장을 섬겼다.

만일 당신이 사장이나 직장 동료 때문에 힘든 상황에 처해 있다면, 이렇게 해 보라. 그 사람을 위해 기도함으로써 매일을 시작하라. 그의 가족과 인간관계와 여러 상황을 위해 기도하라. 그의 구원을 위해 기도하라. 또한 성실한 마음으로 당신이 그 사람을 위해 일할 수 있도록 기도하라.

이렇듯 직장에서 믿음으로 섬긴다는 것은 즐겁거나 공정하지 않은 상황에서도 기꺼이 권위에 복종함을 뜻한다.

표시 3: 거짓 없는 겸손

직장에서 생기는 문제들 중에는 자신에게 수준 이하의 일이 맡겨졌다는 생각에서 비롯된 것들이 더러 있다. '내게 이따위 일을 맡기다니', '이런 일을 하기에는 내가 너무 아까워'라고 생각하는 것이다. 정말 그럴까? 그런 생각으로 그리스도인의 삶을 살아 낼 수 있을까? 예수님을 따르는 자라면 자신의 '신분'에

걸맞지 않다고 여겨지는 일들도 감수해야 하지 않을까? 예수님이 친히 그렇게 하시지 않았는가? 빌립보서에서 바울이 예수님의 사역을 묘사한 내용을 보자.

"너희 안에 이 마음을 품으라 곧 그리스도 예수의 마음이니 그는 근본 하나님의 본체시나 하나님과 동등됨을 취할 것으로 여기지 아니하시고 오히려 자기를 비워 종의 형체를 가지사 사람들과 같이 되셨고 사람의 모양으로 나타나사 자기를 낮추시고 죽기까지 복종하셨으니 곧 십자가에 죽으심이라"(빌 2:5-8).

우리는 아무리 하찮은 일을 해도, 예수님이 우리를 구원하기 위해 자신을 낮추신 것만큼 우리 자신을 낮추지는 못한다. 예수님을 따르는 자들의 표시가 겸손임을 성경은 강조한다. 자신을 너무 높이 평가해서는 안 되며, 자신보다 다른 사람을 더 중요시해야 한다. 무엇보다 예수 그리스도의 마음을 지녀야 한다. 그는 하나님의 본체이심에도 불구하고 종의 형체를 취하고 죽기까지 복종하셨다.

우리가 십자가를 지고 예수님을 따르면 더 이상 신분에 연연하지 않는다. 그리스도 안에서 가치와 정체성을 발견하고 나면 어떤 역할을 맡든 흔쾌히 섬긴다. 우리의 시간과 재능을 그분이 적절히 활용하실 거라고 우리는 확신한다. 왕께서 맡기신 일은 수준 이하일 수 없다.

직장에서 믿음으로 섬기는 것은 거짓 없는 겸손으로 나타나며, 이는 자기를 비우신 우리 왕의 발자취를 따르는 길이다.

표시 4: 경건한 경쟁

직장에서 줄곧 나타나는 문제 중 하나는 다른 사람과 충돌하는 야심에서 비롯된다. 이런 야심을 가지면, 동료와 치열하게 경쟁하거나 직원을 의심하거나 고용주를 부러워하게 된다. 하지만 복음은 동료들과의 경건치 못한 경쟁으로부터 우리를 자유롭게 한다. 우리의 야망을 재점검하게 한다. 매사에 자신을 중시하기보다는 예수님을 중시하게 한다.

그러면 결코 다른 사람들과 경쟁해서는 안 되는 걸까? 경쟁은 나쁜 것이 아니다. 그리스도인이라고 해서 경쟁 밖으로 물러나야 하는 건 아니다. 성경은 경쟁 자체가 아니라, 세상적인 경쟁 방식을 금한다. 즉 자신이 위로 올라서기 위해 다른 모든 사람을 끌어내리려는 비열한 사고방식으로 하는 경쟁 말이다.

그리스도인은 동료 직원들과 경쟁하는 동시에 그들을 사랑하는 것을 목표로 삼는다. 그러려면 어떻게 해야 할까? 동료 직원들의 노력을 깎아내리거나 방해하지 않고 자신에게 주어진 일을 성심성의껏 해야 한다. 경쟁하되, 영예롭게 경쟁하자. 경쟁자들을 넘어뜨리는 것이 아니라 더 빨리 달려서 이기자. 그리고 다른 사람들도 더 빨리 달리도록 격려해 주자. 그들에게 개선할 부분을 알려 주고, 그들이 발전한 모습을 보게 되면 축하해 주자.

믿음으로 섬기는 것은 경건한 경쟁을 도모하고 다른 사람들을 끌어내리지 않으며 주님 앞에서 열심히 일함을 뜻한다.

결론

이 책에서 논의되는 다른 여러 문제와 마찬가지로 껄끄러운 직장 상사나 동료들에 대처하는 마법 같은 공식은 없다. 그러나 때로는 관점을 바꿈으로써 마음이 변하고, 그 결과 모든 것이 변하기도 한다.

상사가 당신의 승진에 장애 요인으로 생각된다면 그를 기꺼이 섬길 수 있게 해 달라고 하나님께 기도하라. 그리고 기도한 대로 실행하라. 마지못해서가 아니라 흔쾌히 일하라. 불평을 멈추고, 복종하고, 겸손하고, 격려하라. 만일 동료들과의 마찰이 있다면 당신이 그들을 섬기도록 부름받았다는 사실을 깨닫게 해 달라고 하나님께 간구하라. 그리고 기도한 대로 실행하라. 열심히 일하고 그들의 일을 거들어 주며 사람들이 꺼리는 일을 기쁘게 도맡으라. 동료들을 사랑하며 섬기되, 그들에게 어떤 자격을 찾으려 하지 말고 무자격자에게도 은혜 베푸시는 예수님의 사랑을 기억하라.

우리의 직장은 성화를 위한 훈련장일 수 있다. 다툼, 부당한 권위 행사, 동료들의 지나친 경쟁 등은 우리를 예수님과 닮은 모습으로 다듬기 위해 하나님이 사용하시는 도구들이다. 그러니 이런 것들로 인해 화내지 말라. 예수님을 더 닮아 가려면 그런 것들에 어떻게 대처해야 할지 깊이 생각하라.

단지 생계비를 벌거나 경력을 쌓기 위해 직장에 있는 것이 아님을 기억하라. 당신은 예수님을 섬기기 위해 거기에 있다. 그러므로 다른 사람들을 섬기며 사랑하는 법을 배워야 한다. 그들에게 자격이 있는지 없는지는 중요치 않다.

+ 더 생각해 보기

1. 골로새서 3:22-4:1; 빌립보서 2:5-8, 14-16을 읽고 묵상하라.

2. 우리는 죄악된 본성을 지녔으므로, 불평하지 않거나 흔쾌히 복종하거나 거짓 없이 겸손한 것은 자연스럽지 않다. 이번 장에서 언급된 여러 표시 중에 당신이 나타내기 가장 힘든 것은 무엇인가? 그 이유는? 일을 통해 신실한 마음으로 하나님께 영광 돌릴 수 있게 해주실 것을 기도하라.

3. 죄악되며 불완전한 세상 권위에 예수님이 복종하신 사실은, 허물 많은 직장 상사들에게 복종하는 문제와 관련하여 어떤 가르침을 주는가?

4. 직장에서 당신이 가장 사랑하기 힘든 사람은 누구인가? 그를 위해 기도한 적이 있는가? 당신이 그리스도인임을 그가 알고 있는가? 당신은 그를 사랑하기를 거부하고 있지는 않은가?

5. 이번 주에 당신의 직장 상사나 동료들을 사랑하며 섬길 수 있는 구체적인 방법들을 생각해 보라.

6. 함께 일하는 사람들 중에 그리스도인이 있는가? 만일 그렇다면 서로 격려하며, 직장에서 하나님의 증인으로 살아가기 위한 전략을 함께 세워 보라.

9. 크리스천 CEO에게 제시하는 리더십

리더십이라는 주제는 이 책에서 가장 큰 관심을 불러일으킬 것이다. '아마존'에서 리더십 관련 책들을 검색하면 무려 86,000여 권이나 나온다. 리더십에 관한 책을 쓴 많은 저자가 참으로 유용하고 좋은 얘기들을 한다. 겸손하되 카리스마를 발휘하라, 비전을 제시하라, 격려하라, 동기를 부여하라, 목표를 제시하라, 팀을 이루게 하라, 힘든 상황에서 인내하라, 도덕적 기반을 든든히 하라. 이들 모두가 귀한 조언이다.

『좋은 기업을 넘어 위대한 기업으로』(Good to Great)[4]의 저자 짐 콜린스는 리더십 분야의 인기 저자이다. 그는 좋은 기업과

---

4) Jim Collins, *Good to Great: Why Some Companies Make the Leap ... and Others Don't* (New York: HarperBusiness, 2001).

위대한 기업의 주된 차이점이 기업을 이끄는 사람에 있다고 말한다. 위대한 기업의 리더는 인격적인 겸손과 전문가의 단호함이 섞인 역설적인 리더십을 발휘한다. 그들은 기업의 성공을 위해 헌신하지만 그 헌신은 자신의 개인적인 유산이나 은행 잔고를 축적하는 일과 무관하다.

그리스도인도 리더에 대한 이런 정의에 공감할 것이다. 그렇지만 이것은 성경에서 제시하는 리더십과 다르다. 그리스도인은 다른 사람들에게 행사하는 권위가 내 안에 존재하는 것이 아님을 안다. 그 권위는 상사나 기업체가 부여한 것이 아니며, 직원들의 생계가 자신에게 달려 있다는 사실에서 비롯된 것도 아니다.

우리가 지닌 모든 권위는 하나님으로부터 온다. 그렇기 때문에 우리는 단지 기업의 유익만을 위해서가 아니라, 우리의 권위 아래에 있는 자들의 유익을 위해서도 권위를 행사할 의무가 있다. 조직체 내에서 위치가 아무리 높더라도 다른 사람들에게 행사하는 모든 권위는 하나님으로부터 주어진 것이다. "네 이웃을 네 자신과 같이 사랑하라"라는 말씀은 권위를 가진 당신에게도 적용된다.

권위에 있어서도 우리는 우상숭배나 나태함에 쉽게 빠질 수 있다. 일을 우상화하면 결국 직원들을 '이용'하게 될 것이다. 직원들을 사랑하거나 돌보기 위해서가 아니라 그들의 성취로 자신이 만족을 얻기 위해 고용할 것이다. 이렇게 고용된 직원들은 우상숭배를 위해 동원된 보병에 지나지 않는다.

반대로 일에 나태해지면 직원들을 방치하여 그들의 사기를 저하시킬 것이다. 일에서 하나님의 목적을 보도록 직원들을 돕지 않고, 그들의 일에 대해 하나님도 사장도 별 관심이 없다는 생각을 갖게 만들 것이다.

권위의 원칙

우리는 크리스천으로서 우상숭배나 나태함에 물든 권위로 직원들을 이끌고 싶지는 않을 것이다. 이끄는 일을 맡긴 분은 왕이신 예수님이기에 그분을 영화롭게 하는 방식으로 일해야 한다. 즉 직원들을 보살피며 사랑해야 한다.

우리는 직원들에게 하나님의 권위와 그들의 일을 통해 이루고자 하시는 하나님의 목적을 가르쳐야 한다. 권위가 무엇인지, 그것이 어디서 비롯되는지, 어떻게 하면 권위를 경건한 방식으로 사용할 수 있는지에 대한 깊은 이해가 있을 때만 그렇게 할 수 있다.

권위와 관련하여 성경에서 가르치는 여섯 가지 원칙을 살펴보자.

원칙 1 : 권위는 하나님으로부터 온다

모든 권위는 하나님에게서 온다. 하나님이 인간을 지으셨으며, 그들에게 땅을 다스릴 임무를 부여하셨다. 이 사실에 대해 창세기는 다음과 같이 전한다.

"하나님이 그들에게 복을 주시며 하나님이 그들에게 이르시되 생육하고 번성하여 땅에 충만하라, 땅을 정복하라, 바다의 물고기와 하늘의 새와 땅에 움직이는 모든 생물을 다스리라 하시니라"(창 1:28).

피조 세계에서 가장 높은 인간의 위치는 단지 물리적 힘이나 지성의 측면에 국한되지 않는다. 권위 면에서도 그러하다. 아담과 하와는 하나님이 원하시는 방식으로 그 권위를 행사해야 했다. 그들은 에덴동산을 파괴하는 것이 아니라 경작해야 했다. 짐승들의 이름을 짓고 그들을 잘 다스려야 했다.

당신에게 주어진 권위도 마찬가지다. 그 권위는 본래 당신의 것이 아니며, 하나님이 주신 것이다. 따라서 당신은 개인적인 목적만을 위해서가 아니라 직원들의 유익을 위해 권위를 행사해야 한다. 바로 이것이 왕께 신실하게 순종하는 일이다. 당신이 권위를 잘 사용하면 권위란 궁극적으로 좋은 것임을, 그것이 완벽한 사랑과 공의로써 권위를 행사하시는 하나님으로부터 온 것임을 직원들과 모든 주변 사람에게 보여 주게 된다.

원칙 2 : 권위는 다른 사람을 섬기며 축복하는 데 사용되어야 한다

지혜로운 권위 행사가 그 권위 아래 있는 자들에게 축복이 된다고 성경은 거듭 가르친다. 요셉의 권위는 애굽으로 하여금 7년 대기근을 헤어날 수 있게 했다. 느헤미야의 권위는 포로 귀환자들로 하여금 예루살렘 성벽을 재건하게 했다.

사무엘하에 수록된 다윗의 마지막 말은 후대 왕들에게 왕의 권위를 올바로 행사하라고 당부하는 내용이다.

"이스라엘의 하나님이 말씀하시며 이스라엘의 반석이 내게 이르시기를 사람을 공의로 다스리는 자, 하나님을 경외함으로 다스리는 자여 그는 돋는 해의 아침 빛 같고 구름 없는 아침 같고 비 내린 후의 광선으로 땅에서 움이 돋는 새 풀 같으니라 하시도다"(삼하 23:3-4).

당신이 어느 왕국의 왕이나 이인자가 아니라는 건 알지만, 이 원칙은 당신에게 똑같이 적용된다. 올바르게 행사된 권위는 번영을 가져다준다. 무너뜨리기 위해서가 아니라 세우기 위해, 악을 행하기 위해서가 아니라 바로잡기 위해, 낙담시키기 위해서가 아니라 격려하기 위해, 자신의 유익만을 위해서가 아니라 다른 사람들의 유익을 위해서도 권위를 행사할 때 그 결과는 빛과 생명으로 나타날 것이다.

하나님을 경외함으로 기업을 이끄는 CEO는 '돋는 해의 아침 빛' 같고 '구름 없는 아침' 같을 것이다. 세상에는 이런 CEO가 많지 않다. 하지만 당신이 왕이신 예수님을 따르는 CEO라면 이러해야 한다.

원칙 3: 권위는 끔찍하게 남용될 수 있다

대부분의 사람들은 권위를 나쁘고 두려운 것으로, 가능하면 피하고 싶은 것으로 여긴다. 권위가 쉽게 남용되어 왔기 때문이다. 하지만 그것이 하나님의 원래 의도는 아니었다. 아담과 하와가 죄를 범했을 때 세상이 타락했고, 권위도 함께 타락했다. 그래서 모든 사람은 본성적으로 이기적인 죄인이다. 권위를 포함한 모든 것이 자신을 세우며 다른 사람을 무너뜨리기 위한 도구가 될 수 있다.

이와 관련하여 예수님은 "이방인의 집권자들이 그들을 임의로 주관하고 그 고관들이 그들에게 권세를 부리는 줄을 너희가 알거니와"(마 20:25)라고 말씀하셨다. 사람들은 권위를 이런 식으로 여기곤 한다. 권위를 지닌 자들이 우리를 지배하고 억압하며, 심지어 학대하기 위해 자신의 권위를 사용할 거라고 생각한다. 서글프게도 죄가 존재하는 세상에서는 그런 경우가 너무 많다.

하지만 바로 이어서 예수님은 "너희 중에는 그렇지 않아야 하나니"(26절)라고 하신다. 우리는 죄악된 권위 남용을 거부하며 하나님의 의도대로 권위를 선하게 사용해야 한다. 그러려면 부단한 주의가 요구된다. 고용한 사람들을 지배하거나 그들을 자신의 목적을 위해 이용하는 세상적인 흐름을 따르지 않도록 주의해야 한다.

언제나 당신의 마음을 살피라. 다른 사람들을 위한 빛과, 생명의 근원으로 사용하게 하신 권위를 악하고 이기적인 목적으로 사용하지 않도록 하라.

원칙 4: 권위는 예수님을 본받는 것이어야 한다

우리는 왕이신 예수님을 따라야 하기 때문에 권위를 사용할 때도 그분처럼 해야 한다. 빌립보서 2장 5절에서 바울이 "너희 안에 이 마음을 품으라 곧 그리스도 예수의 마음이니"라고 말한 것도 같은 의미다. 우리는 겸손한 마음으로 자기보다 남을 낮게 여기고, 자기 일과 다른 사람들의 일을 돌보아야 한다(빌 2:3-4). 예수님이 그렇게 하셨다. 우리를 위해 자신을 낮추시고 십자가에 죽기까지 하셨다.

만유의 왕이 자신을 죽음까지 낮추시고 자신의 유익보다 우리의 유익을 생각하셨으니 우리는 더욱 그리해야 하지 않겠는가? 왕이신 예수님을 본받아 하나님께 받은 권세를 사용하라.

원칙 5: 권위는 희생적으로 사용되어야 한다

예수님은 자신의 왕적 권위를 우리의 영원한 유익을 위해 사용하셨다. 권위에 대한 그분의 가르침도 같은 원칙을 보여 준다. 권세 남용을 경계하라고 하신 후, 예수님은 마태복음 20장 26-28절에서 올바른 리더십에 대해 다음과 같이 말씀하신다.

> "너희 중에는 그렇지 않아야 하나니 너희 중에 누구든지 크고자 하는 자는 너희를 섬기는 자가 되고 너희 중에 누구든지 으뜸이 되고자 하는 자는 너희의 종이 되어야 하리라 인자가 온 것은 섬김을 받으려 함이 아니라 도리어 섬기려 하고 자기 목숨을 많은 사람의 대속물로 주려 함이니라."

경건한 리더는 다른 사람들을 섬긴다. 그는 다른 사람을 돌보며 그들의 유익을 위해 일한다. 섬김은 언제나 희생을 동반한다. 때로는 우선순위를 바꾸게 한다. 손실을 감수해야 할 때도 있다. 하지만 다른 사람의 유익을 위해 자신을 희생하는 것이 예수님을 본받는 권위 행사 방식이다.

원칙 6: 복음의 동기 부여와 은혜의 능력이 있어야 한다

권위를 올바로 행사하는 법을 알려 주는 유일한 단서는 우리의 왕께 있다. 우리의 정체성과 보상은 직무 성과가 아니라 그리스도 안에서 발견된다. 그분이 우리를 위해 자신을 낮추셨기 때문에 우리도 다른 사람을 지배하는 권위의 개념에서 자유로울 수 있다. 또한 사람들을 자신의 목표 달성을 위한 수단으로 이용하려는 권위 행사로부터 벗어날 수 있다. 복음의 능력으로 다른 사람을 사랑하고, 섬기고, 복되게 함으로써 우리는 그리스도를 본받는다.

이는 업무 실적이 중요하지 않다는 의미가 아니다. 팀 목표에 매진하도록 독려하거나 충실하지 않은 직원을 바로잡지 말라는 의미도 아니다. 다만 직원을 독려하거나 그들을 바로잡을 때 우리 자신의 영광이나 명성을 고려하지 않고, 팀과 직원들의 유익을 고려하는 마음으로 해야 한다는 뜻이다.

직원들을 잘 이끌며 기업을 잘 경영하는 법

직원들을 잘 이끌기 위한 가장 중요한 전략은 '진정으로 그렇게 하려는 마음'을 갖는 것이다. 진실된 마음이 무엇보다 중요하다. 스스로가 직원들을 어떻게 이끌 것인지 깊이 생각하지 않는다면 그 어떤 묘책도 당신을 경건하고 좋은 리더로 만들어 줄 수 없다.

우리가 예수님의 방식을 본받으려는 마음을 굳건히 다졌다면, 직장에서 구체적으로 어떻게 할지를 생각해 보자. 이전과 달리해야 할 점은 무엇일까? 다시는 반복하지 말아야 할 것은 무엇일까? 이 물음들에 앞서 살펴본 원칙들을 각자 상황에 맞게 적용함으로 답해야 한다. 하지만 올바른 권위 사용과 관련하여 펌프의 마중물 역할을 하는 개념들이 있다.

매우 쉬우면서 혁신적인 것은 직원들을 위해 기도하는 것이다. 이것은 내(세바스찬)가 사용한 가장 좋은 방법 중 하나다. 나는 직원들이 자신의 일에서 기쁨을 찾도록, 자신의 일을 무거운 짐으로 느끼지 않도록, 일에서 만족을 찾도록 기도한다. 나는 그들의 가족을 위해서도 기도한다.

나아가 의견 충돌을 보일 수 있는 영역들을 위해서 기도한다. 만일 내가 직원들에게 이기적이고 모질게 말했다면 잘못을 시인하며 앞으로는 인자한 마음을 갖게 해 주시기를 기도한다. 아울러 그들과 함께 복음을 나눌 기회가 있기를 기도한다. 직원들을 위해 왕이신 하나님께 기도하는 것보다 그들을 더 사랑할 방법이 있겠는가?

또한 나는 직원들과 정규적인 일대일 면담을 통해 많은 유익을 경험했다. 이는 마치 그리스도인으로서, 직장인으로서, 인간으로서 훈련하는 것과 같다. 몇 년 전에 나는 우리 회사 직원들과 매주 30분씩 개인 면담을 하기 시작했다. 일 얘기부터 가족 얘기까지, 각자의 마음속에 있는 것을 무엇이든 15분간 얘기하게 한다. 그런 다음 내 마음속에 있는 것들을 그들과 함께 나눈다.

내 얘기는 주로 그들의 일과 우선순위에 관한 내용이다. 나는 경건한 격려와 함께 꼭 필요한 비판도 하는데, 이는 그들을 직원으로서 그리고 인간으로서 세우려는 의도이다. 비록 시간을 할애해야 하지만 이 같은 시간 투자는 곧 결실을 보게 된다.

CEO로서 몇몇 직원들과 멘토링 관계를 맺을 수도 있다. 직원들의 멘토를 자청하여 시간과 노력을 기꺼이 들이려는 CEO를 찾아보기는 힘들다. 젊은 그리스도인은 깊은 연륜과 많은 경험을 가진 그리스도인에게서 복음의 메시지를 직장생활에 어떻게 적용하는지 배우고 싶어 한다.

젊은 직원들과의 멘토링 관계를 끝까지 이어 가야 하는 건 아니다. 몇 차례 만나 본 후에 그 만남을 계속할 것인지 결정할 수 있다. 멘토링은 더 큰 책임을 맡도록 훈련시킬 뿐만 아니라, 관용의 분위기를 조직 전체로 확산시킬 좋은 기회가 된다.

결론

사람들을 관리하는 것이 내게는 버거운 일이었다. 솔직히 말해서 나는 직원들을 수단으로 여겼다. 당연히 직원들은 나의 권위 행사에 대해 악감정을 느꼈을 것이다. 하나님의 은혜로 나는 서서히 그리고 꾸준하게 이 문제에 대해 진전을 보여 왔다. 하지만 여전히 어려움을 느끼고 있다.

당신은 어떠한가? 당신의 권위를 직원들을 세우는 데 사용하려고 노력하는가? 당신의 모든 권위가 왕이신 예수님의 손에서 나온 것임을 매일 상기하는가? 권위를 행사할 때 그분을 본받으려 하는가?

CEO도 예수님을 위해 일하는 사람임을 기억하라. 하나님께 받은 권위를 행사할 때 그분께 영광을 돌리는 방식으로 하라.

+ 더 생각해 보기

1. 창세기 1:28; 사무엘하 23:3-4; 마태복음 20:25-28을 묵상하라.

2. 당신의 권위 아래에 있는 자들을 생각해 보라. 지금까지 그들에게 경건하고 신실하게 권위를 행사했는가?

3. 성경적인 권위관은 세상적인 관점과 전혀 다르다. 가장 중요한 차이점은 무엇이겠는가?

4. 직장에서 중요한 책임을 맡고 있거나 맡기를 바라는가? 주어진 상황에서 성경적인 방식으로 권위를 행사하여 하나님께 영광 돌릴 수 있는 구체적인 방법을 서너 가지 열거해 보라.

5. 당신의 권위 아래에 있는 자들을 위해 기도할 사항은 무엇인지 생각해 보라.

6. 직원들에게 당신의 태도나 언행에 대해 사과한 적이 있는가? 지금도 그럴 필요를 느끼는가?

10. '업무적인' 직장에서 '영적인' 복음 전하는 법

헌터는 동료 직원 아쇼크에게 복음을 전했고, 하나님의 은혜로 아쇼크는 예수님을 믿게 되었다. 현재 아쇼크는 신실한 교인으로 성장해 왕이신 예수님의 이름으로 자신에게 맡겨진 일들을 잘 감당하고 있다. 어떻게 예수님의 복음이 진실이고 복음을 믿어야 한다는 것을 깨닫게 되었는지 아쇼크에게 물어보았다. 그는 이렇게 대답했다.

헌터를 언제 처음 만났는지 정확히 기억나지는 않지만, 어느 날 함께 외근을 나가 대화하던 중에 "당신은 크리스천이죠?"라고 내가 물었던 것 같네요. 그는 그렇다고 대답했고, 그 후로 우리는 친구가 되었죠. 나는 헌터를 좋아했습니다. 그는 재미있고 일도 잘하고, 무엇보다 깊이가 있는 것 같았어요. 영화, 드라마, 회사 일, 가족 등 다양한 주제로 이야기를 함께 나눴죠. 나한테 없는 무언가가 헌터에게 있었어요.

한번은 그가 마가복음을 함께 읽고 토론해 보지 않겠느냐고 물었어요. "마가복음의 각 장은 길지 않으니 한두 장을 몇 분간 같이 읽어 본 다음에 우리가 늘 하던 얘기를 나누면 좋을 것 같아"라고 말했죠. 그때 내가 왜 "좋아"라고 선뜻 대답했는지는 성령님만이 설명하실 수 있을 겁니다.

나는 예수 그리스도를 받아들인 적이 없었지만, 마가복음을 읽으면서 그분의 매력에 빠져들었어요. 예수님은 정말로 진실하신 것 같았죠. 따뜻한 그분의 말씀이 줄곧 뇌리에 떠올랐습니다. 헌터는 내 질문에 잘 대답해 주었고 때로는 자세한 설명을 덧붙이기도 했어요. 죄에 대해서도 설명했죠. 그는 우리가 모두 죄인이라고 말했으며, 회개하고 그리스도를 믿지 않을 경우 사후에 어디로 가는지 설명했습니다.

나는 헌터를 따라 교회로 갔어요. 예배 후에 만난 사람들도 기대 이상으로 좋았죠. 그래서 꾸준히 교회에 나가기 시작했어요. 하나님의 말씀을 듣는 게 좋았습니다. 말씀은 나의 어두운 삶에 빛이 되었으며 그 앞에서 나는 낮아졌어요. 그리고 2002년 8월, 하나님은 나를 구원하셨습니다.

참으로 놀라운 이야기이지 않은가! 하지만 복음을 나누는 것이 항상 이렇게 쉬울까? 직장에서 "당신은 크리스천이죠?"라고 묻는 경우가 흔할까? 만일 그런 일이 매주 있다면, 직장에서의 복음 전도는 누워서 떡 먹기일 것이다. 서글프게도 아쇼크와 같은 경우는 흔치 않다. 우리는 동료 직원들에게 친절하고, 인내하고, 겸손한 모습을 보일 수 있다. 그러나 그뿐이라면 동료들은 단지 우리에게 기분 좋은 일이 있겠거니 생각할 것이다.

따라서 복음을 전하고 싶다면 무엇보다 말을 사용해야 한다. 복음은 좋은 '소식'이다. 소식을 나누려면 입을 열어야 한다. 우리 주변에 복음을 알고 싶어 하는 사람이 있다면, 우리는 말로써 그것을 전해야 한다. 단순히 삶을 통해서만 복음을 알릴 수는 없다. 우리는 사람들에게 입을 열어 말해야 한다.

우상숭배, 나태함, 복음 전도

일과 관련한 우상숭배나 나태함은 복음 전도에도 많은 악영향을 미친다. 일을 우상화할 경우 동료들에게 복음을 전할 기회를 잡기 힘들다. 명성과 위신, 돈과 승진 따위를 추구하다 보면 다른 생각을 할 겨를이 없어지기 때문이다. 인사권자에게 복음을 전하다가 승진에서 멀어질 위험이 있을지 모른다. 직원들과 철저히 논의할 '업무적인' 일들이 너무나 많다는 이유로 그들에게 '영적인' 애기를 하기 어려울지도 모른다. 이렇듯 일 우상화는 우리 눈을 멀게 하여 영적 실재를 보지 못하게 한다.

나태함 역시 복음 전도를 방해한다. 목적 없이 일할 때는 기쁨으로 일하기 힘들다. 자연히 불평과 불만, 한숨과 푸념이 나온다. 설사 그런 냉소적인 모습이 사람들의 호감을 사더라도 복음 전도에는 전혀 도움이 되지 않는다. 우리가 나태하고 냉소적인 사람으로 낙인 찍혔다면 "나는 모든 일을 예수님의 영광을 위해 합니다"라고 아무리 열정적으로 말한들 별 효력이 없다. 사람들은 우리 말에 귀 기울이지 않을 것이다. 나태한 사람은 복음을 전할 때 신뢰감을 주지 못한다.

우상숭배와 나태함을 회개하면 우리의 눈이 영적 실재에 대해 열리고 복음의 향기를 발하는 삶을 살게 된다. 그리스도를 따른다는 것은 그분의 대변자가 된다는 뜻이기도 하다. 고린도후서에서 바울은 이렇게 말한다.

"그런즉 누구든지 그리스도 안에 있으면 새로운 피조물이라 이전 것은 지나갔으니 보라 새 것이 되었도다 … 하나님께서 … 화목하게 하는 말씀을 우리에게 부탁하셨느니라 그러므로 우리가 그리스도를 대신하여 사신이 되어 하나님이 우리를 통하여 너희를 권면하시는 것 같이 …"(고후 5:17, 19-20).

그리스도인은 만유의 왕이신 예수 그리스도의 대사로 임명받은 자다. 예수님이 죄인들을 하나님과 화목하게 하셨다는 복음의 메시지가 우리에게 맡겨졌다. 이 사실은 월요일부터 금요일까지의 근무 시간에도 적용된다. 회의에 참석하거나 고객을 만나거나 프로젝트를 착수할 때 우리는 왕의 대사다. 교회에 가거나 친구들과 얘기를 나눌 때도 우리는 왕의 대사다.

복음 전도가 우리 일의 주요 목적인 건 아니다. 성경은 일의 목적과 동기를 여러 가지로 제시한다. 그중 하나가 복음 전도다. 우리는 일할 때를 포함한 모든 시간에 왕의 대사들이다. 그렇다면 우리가 어떻게 해야 직장에서 복음을 전할 수 있을까?

1. 그리스도인으로서 일에 충실하라

우리가 직장 동료들에게 효과적으로 복음을 전하려면 일에 충실한 사람이라는 인상을 주어야 한다. 목적과 창의성과 자상함을 지녔으며 동료를 격려하는 사람이라는 평판을 얻도록 노력하라. 그리하면 복음을 전할 기회가 올 때, 사람들은 우리에게서 위대하신 왕의 성품을 엿볼 수 있을 것이다.

우리는 직장에서 직면하는 도전들을 복음의 관점에서 볼 수 있고, 어떻게 하면 "주께 하듯 하고"(골 3:23)라는 말씀에 비추어 그 일들을 감당할 수 있을지 자문할 수 있다. 예수님이 우리가 고객을 속이는 것을 용납하실까? 실수한 직원을 심하게 비난하도록 하실까? 온종일 화를 내며 지내게 하실까? 그렇지 않다.

예수님은 우리 앞에 놓인 도전들이 궁극적으로 그분의 손에서 비롯되었다는 믿음으로 거기에 대응하기를 원하신다. 이 모든 과정에서 예수님은 우리가 생명의 말씀을 굳게 잡아 세상을 하늘의 별처럼 비추기(빌 2:15-16) 원하신다. 그렇게 하면 동료들이 우리가 전하는 복음을 더욱 신뢰하게 될 것이다.

2. 스스럼없이 하나님을 언급하라

당신이 그리스도인임을 주변 사람들에게 자연스럽고, 여유롭고, 자신 있게 알리라. 많은 그리스도인이 자신이 신앙인이라는 사실을 숨기는 이유는 무엇일까? 우리는 누군가가 다가와서 기독교에 관해 물어보기를 원한다. 그러면 우리가 먼저 그런 대화를 시작하는 어색함을 경험하지 않아도 되기 때문이다.

하지만 때로 우리는 그렇게 할 기회를 그들에게 아예 주지 않는다. 주말을 어떻게 보냈느냐고 누가 물어보면 교회에 갔다고 큰 소리로 말해 보자. 화요일 저녁에 참석한 성경공부 모임에 대해 얘기하자. 생일 파티에 참석하지 못하는 이유에 대해 "너무 바빠서요"라며 얼버무리지 말고 "이번 주에 교회에서 할 일이 있어서요"라고 말하자.

공개적으로 자신을 예수님과 연결시키자. 우리가 그리스도인임을 숨기지 말고 당당히 드러내자. 사람들은 우리가 생각하는 것 이상으로 영적인 일에 관심을 보인다. 그런 쪽으로 화제를 살짝 돌리기만 해도 그들은 적극적인 반응을 보인다.

3. 직장 밖에서도 관계를 맺으라

자신과 직장 동료들 사이에 형성될 수 있는 경계를 허물려고 노력하라. 물론 어떤 식으로든 부적절한 관계여서는 안 된다. 그러나 누군가에게 복음을 전하려 한다면, 일 이외의 또 다른 무엇에 관한 이야기를 나눠야 한다.

사실 이렇게 하는 건 그다지 힘들지 않다. 일을 끝내고 퇴근한 후에 함께 커피 한 잔을 마시자. 사무실에서 흔히 주고받는 가벼운 잡담을 넘어서는 질문을 던져 보자. 상대방이 마음을 열도록 자신에 관한 정보를 먼저 제공해 보자. 가족, 삶의 힘든 부분, 장래의 소망에 관해 얘기해 보자.

마음 문을 열고 먼저 질문하며 상대방의 삶에 관심을 보이다 보면 훨씬 더 깊은 이야기로 들어가게 될 것이다. 우리가 사람을 단순히 일적인 관계로만 대하지 않는다는 것을 상대방이 느낀다면, 그가 복음에 관한 우리의 얘기에도 귀 기울일 가능성이 높아진다.

4. 교회의 증언을 활용하라

사람들과 관계를 맺을 때, 자신이 다니는 교회의 교인들과 함께 만날 기회를 모색하자. 위대한 복음의 증언들 중 하나는 그리스도인들 간의 사랑이다.

교회 친구들과 함께 시간을 보내려고 할 때 직장 동료도 그 모임에 초대해 보자. 모임에서 반드시 영적인 이야기만 나눌 필요는 없다. 평범하고, 재미있고, 지적인 그리스도인들 간의 대화를 듣고서 전혀 새로운 관점으로 기독교를 보게 되는 사람도 있다.

또한 직장 동료를 교회 예배에 초청해 보자. 동료에게 그리스도인들이 모여서 진지하게 신앙을 나누는 모습을 보여 주자. 그런 모습을 본 적 없는 이들도 많다. 그런 모습을 보고 나면 마음속에 온갖 물음들이 떠오를 수도 있다. 이것이 바로 예수님이 자신을 따르는 자들로 하여금 모임을 갖게 하신 이유다. 교회 가족은 복음 전도의 엄청난 자원일 수 있다.

5. 직장을 선교 현장으로 여기라

하나님이 당신을 특정한 일터로 이끄신 이유들 중 하나가 그곳에 복음을 전하기 위함이라고 생각해 본 적이 있는가? 사람들은 단지 직장이 같다는 이유만으로 많은 것을 함께 공유한다. 어떤 이들은 같은 은어를 사용하고, 같은 문제로 씨름하며, 같은 질문을 제기한다. 하지만 서글프게도 복음의 진리를 함께 나누는 직장은 드물다.

나(세바스찬)는 인터넷 공간에서 일하는 많은 사람 중 하나다. 이는 나에게 인터넷 공간에서 복음을 전할 수 있는 특권이 주어졌음을 의미한다. 우리는 매일 직장에서 특정 그룹의 사람들을 접한다. 그들은 건축가, 교사, 자동차 영업 사원일 수 있다. 복음을 들어야 할 사람이 너무나 많다는 생각에 의기소침해질 필요가 없다. 왕이신 예수님이 특정한 일터에서 만난 사람들에게 진리의 메시지를 전하도록 우리를 부르셨다.

그리고 우리는 일반 선교사들이 들어가기 힘든 지역에서 일하는 직업을 고려해 볼 수도 있다. 비즈니스의 세계화는 선교적인 측면에서도 전례 없는 진전을 보였다. 회사들이 세계적으로 확장되면서 새로운 시장을 개척하기 위해 각종 전문가를 찾고 있다. 중국 상해에서 엔지니어로 근무해 보는 건 어떨까? 여러 국적의 사람들이 함께 살아가는 두바이, 이스탄불, 모스크

바에서 사업을 해 보는 건 어떨까? 이런 곳들은 강력한 복음 증언을 필요로 한다. 현지에서 사역 중인 선교사는 직업 관계로 오는 다른 그리스도인에 의해 큰 격려를 얻는다.

지혜롭고 호감을 주되, 염려하거나 소심하지 말라

직장에서 복음을 전하다 보면 부당한 비난을 당할 때도 있다. 사람들은 직장에서의 복음 전도가 좋지 않은 결과를 낳을 거라고 생각한다. 하지만 그렇게만 생각할 필요는 없다. 우리는 맡은 일을 잘하면서 자신의 믿음을 동료들에게 보여 줄 수 있다. 또한 삶에 대한 얘기를 나누며, 그들을 그리스도인과 만나는 자리로 이끌 수 있다. 자연스럽게 이런 일을 진행해 보자.

예수님 왕국의 대사는 지혜롭고 사람들에게 호감을 주어야 한다. 자신이 예수님을 따르는 자임을 알릴 수 있도록 기회를 모색해야 한다. 그러니 거만하거나 불쾌감을 주어서는 안 된다. 필요시 대화를 유도하며 자신의 신앙을 옹호하되, 상대방을 배척하기보다는 호감을 사는 방식으로 해야 한다.

안타깝게도 어떤 그리스도인은 특정한 상황에서의 '지혜'를 '잠잠함'과 동일시하여 "그런 곳에서 내 생각을 이야기하는 건 지혜롭지 못한 일이야"라고 말한다. 또는 "거기서 내가 그리스도인임을 알렸다면 공격받았을 거야"라고 한다. 그래서 그가 교회에 다니는 걸 알게 된 직장 동료들이 깜짝 놀라게 된다.

흔히들 용기란 지혜와 신중함에서 나온다고 말한다. 이는 사실이다. 그러나 반대로 진정한 지혜와 신중함도 결국에는 용기에서 나온다. 만일 우리가 왕이신 예수님의 대사라면, 우리는 그 사실을 알려야 한다. 그 사실을 알리는 과정에서 때로는 난처한 일을 겪을 수도 있다.

한 나라의 대사라면 난처한 일을 처리해야 될 때가 온다. 우리가 왕이신 예수님을 따르는 자라고 선언하는 것은, 그 자리에 있는 모든 이들의 왕이 바로 예수님이심을 선언하는 것과 같다. 나아가 왕이신 예수님이 죽은 자 가운데서 다시 살아나 죄인들을 구원하셨고, 세상 어느 누구도 이런 일을 할 수 없다고 선언하는 셈이다.

만일 지혜를 '누구에게도 거부감을 주지 않을 때만 예수님에 대해 말하는 것'으로 규정한다면, 우리는 그런 말을 할 생각도 말아야 한다. 그런 기회란 없기 때문이다.

하나님이 우리를 특정한 일터에 배치하실 때에는 난처한 상황을 이미 염두에 두시며 우리가 그 상황을 잘 처리하기 원하신다. 따라서 지혜롭게 처신하되, 나약해지지는 말자. 직장에서도 왕에 대해 말하자. 예수님은 세상 끝날까지 우리와 함께 하겠다고 약속하셨다(마 28:20).

+ 더 생각해 보기

1. 고린도후서 5:17-20; 빌립보서 2:14-16; 마태복음 28:20을 읽고 묵상하라.

2. 당신은 직장에서 누군가에게 복음을 전한 적이 있는가? 그렇게 하지 못했다면, 이유는 무엇인가? 직장에서 당신이 그리스도인임을 알면 깜짝 놀랄 사람은 누구인가?

3. 당신의 직장에 다른 그리스도인이 있는가? 회사를 위해 기도하거나 복음의 증인이 되기 위해 그들과 어떤 모임을 가질 수 있을까?

4. 일을 우상화하면 다른 사람을 위한 투자보다는 당면한 업무에 지나치게 집중할 수 있다. 반대로 나태함은 일을 통해 하나님께 영광 돌리거나 복음을 증언하기 힘들게 만든다. 당신은 직장에서 이런 경험을 한 적이 있는가? 그런 경험을 통해 무엇을 배웠는가?

5. 예수님의 신실한 증인이 되기보다 일과 관련한 명성을 얻는 것이 당신에게 더 중요한가? 만일 그렇다면 회개하고 하나님께 당신의 마음을 변화시켜 주실 것을 간구하라. 그러면 왕이신 예수님을 섬기는 데서 기쁨을 찾게 될 것이다.

6. 어떻게 하면 직장을 선교 현장으로 활용할 수 있을까? 주님의 지상대명령을 지키기 위해 직장을 활용할 수 있게 해 주시도록 하나님께 기도하라.

11. 직업보다 더 큰 소명의 의미를 찾아서!

THE GOSPEL
AT WORK

나(그레)는 지역 교회의 목사로서, 사람들과 소명에 관해 많은 대화를 나눈다. 사람들은 자신의 소명이라고 생각하지 않는 일을 잘 수행하는 방법이나 하나님이 자신의 삶에 주신 소명을 추구하는 최선의 방법에 대해 이야기하고 싶어 한다. 아니면 자신의 소명이 무엇인지 알지 못해 방황하기도 한다. 그러면서 하나님이 아직 소명을 주지 않으신 건지, 더 나쁘게는 하나님이 주신 소명을 완전히 놓쳐 버린 것은 아닌지 궁금해한다.

'소명(부르심)'은 그리스도인들이 깊이 생각하지 않고 사용하는 단어 중 하나로, 무엇에 대해 말하는지 알고 있다는 막연한 느낌만 있을 뿐이다. 하나님은 예레미야와 바울을 각자의 직업인 선지자와 사도로 부르셨다. 신약성경은 그리스도인이 어떤 일에 부름받았다고 여러 번 이야기한다. 따라서 우리는 각자에게 특별하고 고유한 소명, 즉 하나님이 우리에게 이루도록 하신 하나의 커다란 일이 있다고 생각하게 된다. 또 우리는 그 대단한 일이 무엇인지 알아내기 위해 열심히 노력하며 모든 열정과 재능으로 그것을 추구해야 한다고 여기게 된다.

소명에 대한 대중적인 개념이 왜 그토록 큰 매력을 지니는지 쉽게 알 수 있다. 자신이 소명 안에서 일하는 중이라고 여기면, 그 직업이나 사역에 특별한 의미를 부여하게 된다. 그래서 "이것이 내가 만들어진 목적이야"라거나 "이것이 나의 소명이야"라고 말한다. 어려운 상황에 처하면 '나는 이 일을 하도록 부름받았으니 포기하지 않을 거야'라는 생각으로 버티게도 해 준다.

반대로 자신이 소명 안에서 일하지 않는다고 생각하면, 그 일은 앞으로 나아가야 할 목표를 제시하는 것으로 전락하여 하나님이 예비하신 전부가 아니라는 희망을 주기도 한다. 그래서 자신은 잠시 이것을 하고 있을 뿐이며, 진정한 소명은 다른 것이라고 여긴다.

바로 이 지점에서 소명이란 개념의 위험성도 쉽게 알 수 있다. 하나님이 하라고 부르신 일이 아니라고 확신하거나, 더 나쁘게는 애당초 자신의 소명이 무엇인지 모르기 때문에 낙담할 수 있다. 게다가 하나님이 우리 각자에게 추구할 하나의 큰일을 주신다는 생각은, 현재 직업이 자신의 소명이 아니라면 대충 해도 된다는 생각으로 이어지기 쉽다. 이러한 사고방식은 부르심을 기다리며 계속해서 불만을 품게 만들 수 있다.

왜 우리는 '영적인' 것으로 인식하는 직업에 소명이라는 단어를 더 쉽게 적용할까? 우리는 목회자들이나 다른 직업을 가진 사람들의 '부름받음'에 대해 듣곤 한다. 다양한 자선 사업을 '부르심'이라고 지칭하는 경우도 있다. 그렇다면 타이어 판매원이나 보험 중개인은 어떤가? 그러한 직업은 소명이 아닌 걸까?

하나님이 우리를 부르셨다는 것을 어떻게 알 수 있을까? 인상, 강렬한 감정, 영적인 경험, 특이한 우연, 또는 표징이 나타나야 아는 걸까? 어떤 사람이 "신실한 사람들의 조언을 들으며 이 일을 신중하게 살펴봤는데 나는 열망이 있고, 이것이 선하고 현명한 선택처럼 보여"라고 말하면 어떤가? 그것도 소명이 될 수 있는가, 아니면 그 이상의 무언가가 필요한가?

이러한 질문들은 뒷부분에서 다시 다루겠지만 궁극적으로 소명 개념이 우리에게 유익한가, 우리를 불편하게 하는가에 따라 정의되어서는 안 된다. 그리고 이 질문들에 앞서 생각해 보아야 할 더 중요한 질문이 있다. 바로 소명이라는 개념이 성경적인 것인지, 인생에서 성취하도록 하나님이 의도하신 한 가지 큰일을 가리킬 때 사용할 수 있는 것인지에 관한 질문이다.

성경이 말하는 '소명'

성경에서 '소명(call)'이라는 단어는 "부르다", "불렀다", "부르심" 등 형태를 달리하여 수백 번 등장하며 다양한 의미로 사용된다. 대부분 "너는 그 이름을 이삭이라 하라"(창 17:19) 또는 "야곱이 그 곳 이름을 브니엘이라 하였으니"(창 32:30)와 같이 어떤 대상의 이름을 지을 때 등장한다. 다른 큰 범주에서는 바로가 모세와 아론을 부르듯이(출 8:8), 하나님이 환상을 통해 바울과 그의 동역자들을 마게도냐로 부르듯이(행 16:10) 누군가를 자신의 앞으로 불러들이거나 어딘가로 불러내는 상황을 포함한다.

성경에서 이러한 의미로 '소명'이 사용되는 용례는 약 90퍼센트를 차지하지만 네 가지의 다른 방식으로도 사용된다. 첫 번째 방식으로, 신약성경은 예수 그리스도의 복음을 믿으라는 일반적인 부르심에 대해 여러 번 이야기한다.

예수님이 마태복음 9장 13절에서 자신은 의인을 부르러 온 것이 아니라 죄인을 회개시키러 왔다고 말씀하신다. 그리고 마태복음 22장 14절에서는 "청함을 받은 자는 많되 택함을 입은 자는 적으니라"라고 설명하신다. 이는 복음의 보편적 부르심이 온 인류를 향해 있지만 복음을 듣는 사람들 중 실제로 구원에 이르는 자는 소수에 불과하다는 뜻이다.

신약성경에서 이 단어를 사용하는 두 번째 방식은 "성령의 유효한 부르심"을 묘사하는 것이다. '유효한'은 항상 효과가 있으며, 항상 의도된 결과를 이룬다는 의미의 신학적 용어다. 사도 바울은 이러한 소명의 개념을 자주 사용한다. 로마서 8장 30절에서 "부르신 그들을 또한 의롭다 하시고"라고 말한 것과, 이어지는 장에서 하나님이 자기 백성을 유대인과 이방인 중에서 부르셨다(롬 9:24)고 말한 것도 같은 의미이다.

또한 고린도전서 1장 9절에서 바울이 그리스도인은 하나님의 아들과 교제하도록 부르심을 받았다고 말할 때와, 이어지는 26절에서 "형제들아 너희를 부르심을 보라"라고 말할 때도 동일하게 사용되었다. 요점은 성령님이 누군가를 부르실 때 구원이 일어나며, 복음의 일반적인 부르심과 달리 성령님의 부르심은 항상 의도된 결과를 가져온다는 것이다. 이 부르심은 유효하기에 부름을 받은 모든 자들은 의롭다고 선언된다.

세 번째 방식으로, 성경은 하나님 백성의 일원으로서 갖는 지위와 정체성, 그리고 그에 따르는 모든 특권과 책임을 설명하기 위해 '소명'이라는 단어를 사용한다. 구약성경에서 하나님은 이스라엘 백성에게 "땅의 모든 백성이 여호와의 이름이 너를 위하여 불리는 것을 보고 너를 두려워하리라"(신 28:10)라고 말씀하신다. 뿐만 아니라 하나님이 이스라엘 백성을 부르셨기 때문에 그들이 하나님과의 언약 안에 있고, 열방의 빛이 될 것이라고 말씀하신다(사 42:6, 43:1-4, 45:3-4).

하나님이 이스라엘을 부르셨다는 것은 그들에게 하나님의 백성이라는 지위와 정체성을 주셨다는 뜻이다. 여기에는 하나님과 언약 관계를 맺고 세상 민족에게 하나님의 영광을 선포해야 하는 특권과 책임이 따른다.

신약성경은 그리스도인에 대해 이야기할 때도 이와 같은 소명의 의미를 사용한다. 그리스도를 믿는 모든 자는 예수님께 속하도록(롬 1:6-7), 그분의 거룩한 백성이 되도록(고전 1:2) 부르심을 받았다. 또한 우리는 예수님과 같이 선을 행하고 고난을 당하도록 부름받았다(벧전 2:20-21).

그리고 아마 마음에 가장 깊이 와닿는 말씀은, "부르심을 받은 일에 합당하게"(엡 4:1) 행하라는 권면일 것이다. 바울이 말하려는 바는 다음과 같다. 그리스도인으로서 우리는 특권과 책임을 수반하는 정체성과 지위를 얻었다. 따라서 우리는 그 직분과 소명에 합당하게 살아가야 한다.

지금까지 살펴본 내용을 잠시 되새겨 보아야 한다. 성경이 그리스도인의 소명에 대해 말하는 가장 중요한 점들이기 때문이다. 우리는 복음에 대한 일반적인 부르심을 들었고, 성령의 유효한 부르심을 받았다. 그리고 이제 우리는 하나님의 자녀이

자 대사로서 살아야 하며 심지어 고난까지 감당해야 하는 직분을 받았다.

이는 하나님이 우리에게 주신 모든 임무와도 관련된다. 가정, 교회, 사회, 여가 활동, 심지어 직장에서도 우리는 그리스도 안에서 새로운 정체성으로 살아가야 한다. 핵심은 당신의 직업, 사역의 자리, 사역에 대한 열망이 어떻든 하나님이 모든 믿는 자에게 주신 소명은 예수님을 따르고 그분께 합당한 삶을 사는 것이다.

마지막으로 성경에서 소명이라는 개념을 사용하는 방식이 하나 더 남아 있는데, 이는 그리스도인에게 큰 혼란을 줄 수 있다. 바로 사도나 선지자로서의 부르심이다. 바울은 자신을 사도로 "부르심"을 받은 사람이라고 소개하며 편지를 시작한다(롬 1:1; 고전 1:1). 하나님이 여러 나라의 선지자로 예레미야를 세웠다(렘 1:5)고 말씀하실 때도 비슷한 단어가 사용된다.

그리고 출애굽기 3장 4절에서 하나님은 불 붙은 떨기나무 가운데서 모세를 "불러" 이르셨다. 이 단어는 사무엘이 여호와의 말씀을 받던 그날 밤에 나타나신 하나님을 묘사하기 위해 사무엘상 3장에서도 여러 번 등장한다. 마찬가지로 마태복음 4장 21절에서 예수님이 배에서 물고기를 잡는 야고보와 요한을 부르실 때도 소명의 개념이 사용된다.

엄밀히 말하면 뒤의 세 가지 사례는 앞서 언급한 첫 번째 범주에 속한다. 그러나 소명이라는 개념이 사용된 이 이야기들은 너무나 중요하기 때문에, 바울이 "사도로 부르심을 받았다"라고 말했을 때와 같은 방식으로 이해하는 것이 타당하다. 이들은 사도나 선지자의 직분에 임명되기 위해 부름받은 것이다.

문제는 우리가 종종 대중적인 소명 개념을 사도적·선지자적 부르심의 개념으로 삶에 그대로 적용하려 한다는 점이다. 예레미야가 선지자로 부름받은 이야기나 다메섹 길에서 바울이 경험한 부르심을 당신에게 직접적으로 적용하는 설교를 들어 본 적이 있을 것이다. "예레미야와 같이 우리 모두 부름을 받으니 당신의 소명을 찾고 그것을 좇으십시오!"라는 메시지 말이다.

하지만 우리가 정말로 그렇게 할 수 있을까? 바울이 사도로, 이사야가 선지자로 부름받은 것이 목사가 목회 사역에, 사업가가 자선 사업에 부름받은 것과 정확히 같다고 할 수는 없다. 사도가 되라는 부르심은 언제나 예수님이 그 사람을 직접 대면하여 사도의 직분에 임명하는 것을 전제로 했기 때문이다.

바울이 다메섹 도상에서 부활하신 그리스도를 보았다고 주장한 이유도 바로 여기에 있다. 사도적 부르심은 어떤 인상, 강렬한 감정, 주관적인 영적 체험, 또는 이상한 표적을 보는 것에 근거하지 않는다. 예수님이 친히 누군가에게 나타나셔서 바울에게 하신 것처럼 "내가 너를 보낸다"라고 말씀하시는 것에 근거를 둔다. 하나님이 선지자들을 그 직분으로 부르실 때에도 비슷한 일이 일어났다. 선지자들은 하나님의 계시를 받았고, 하나님은 그들을 그 역할에 직접 임명하셨다.

사실 우리가 "하나님이 나를 이것이나 저것으로 부르셨다"라고 말할 때 사도적·선지자적 부르심과 연결하여 단순히 비유할 수는 없다. 우리는 불이 붙은 떨기나무 가운데서 하나님을 보지 않았고, 밤중에 그분의 목소리를 분명히 듣지 않았고, 하늘 보좌에 앉으신 그분을 눈으로 보지 않았고, 육신을 입고 부활하신 그리스도를 만나지 않았기 때문이다.

사도와 선지자는 하나님의 구속 계획에서 독특한 직분을 맡았기에 그 직분에 임명되는 과정도 독특했다. 우리가 그들이 경험한 것과 똑같은 것을 경험했다고 말한다면, 이는 성경이 소명에 대해 말하는 방식을 진지하게 받아들이지 않는 것이다.

소명, 하나님이 당신에게 맡기신 삶

우리가 흔히 "하나님이 나를 이 일로 부르셨다"라고 말할 때 의미하는 바와 가깝게 성경에서 소명이라는 단어가 사용된 곳이 있다. 앞으로 살펴볼 내용은 우리에게 뜻밖의 큰 격려가 되어 줄 것이다.

고린도전서에서 바울은 이렇게 말한다.

"오직 주께서 각 사람에게 나눠 주신 대로 하나님이 각 사람을 부르신 그대로 행하라 내가 모든 교회에서 이와 같이 명하노라 할례자로서 부르심을 받은 자가 있느냐 무할례자가 되지 말며 무할례자로 부르심을 받은 자가 있느냐 할례를 받지 말라 할례 받는 것도 아무 것도 아니요 할례 받지 아니하는 것도 아무 것도 아니로되 오직 하나님의 계명을 지킬 따름이니라 각 사람은 부르심을 받은 그 부르심 그대로 지내라 네가 종으로 있을 때에 부르심을 받았느냐 염려하지 말라 그러나 네가 자유롭게 될 수 있거든 그것을 이용하라 주 안에서 부르심을 받은 자는 종이라도 주께 속한 자유인이요 또 그와 같이 자유인으로 있을 때에 부르심을 받은 자는 그리스도의 종이니라 너희는 값으로 사신 것이니 사람들의 종이 되지 말라 형제들아 너희는 각각 부르심을 받은 그대로 하나님과 함께 거하라"(고전 7:17-24).

바울이 말하고자 하는 핵심은 이것이다. 당신이 부르심을 받을 때(그리스도인이 될 때) 할례를 받았다면 할례를 받은 상태로 머

무르라. 그러나 부르심을 받을 때 할례를 받지 않았다면 할례를 받으러 가지 말라.

여기서 가장 먼저 주목할 점은 어떤 형태이든지 간에 "부르다"라는 단어가 아홉 번 사용되었다는 사실이다. 그중 여덟 번은 성령의 유효한 부르심, 즉 고린도교회 사람들이 그리스도인이 된 순간이라는 의미로 사용되었다. 그런데 17절에서 사용된 '부르다'는 어떤 사람이 그리스도인이 된 순간을 가리키는 것이 아니라, 그의 삶을 구성하는 전체 상황을 가리키는 것처럼 보인다.

바울은 "하나님이 각 사람을 부르신 그대로 행하라"라고 말한다. 언뜻 보면 이를 소명에 관한 대중적인 개념이 의미하는 바와 동일하다고 이해할 수 있다. 그러나 바울이 여기서 말하는 소명은 두 가지 이유로 우리가 흔히 알고 있는 소명 개념과 매우 다름을 알 수 있다.

첫째, 17절에는 같은 말을 두 번 하면서 다른 단어를 사용하는 히브리 저자들의 훌륭한 문학적 전술(평행법)이 사용되었다. 바울은 하나님이 우리에게 주신 삶을 살아가야 한다는 사실을 두 번에 걸쳐서 말하는데, 서로 다른 표현을 사용함으로 그 뜻을 전한다.

"우리는 믿는 자로서 다음과 같이 살아야 합니다."

- 하나님이 "각 사람에게 나눠 주신" 대로
- 하나님이 "각 사람을 부르신" 그대로

위와 같은 평행법은 바울이 "부르다"라는 단어로 무엇을 말하려는지 이해하는 데 도움을 준다. 그것은 하나님이 우리에게 맡기신 삶의 환경 전체를 포함하는 개념이다. 이는 우리가 흔히 생각하는 방식과 달리, 소명을 구성하는 것이 단 하나의 큰 일이 아님을 알게 해 준다. 오히려 우리 삶의 모든 개별적 상황은 하나님이 '각 사람을 부르신' 것의 일부이다.

둘째, 놀랍게도 21절 끝부분에서 하나님이 우리를 부르신 일련의 상황이 바뀔 수 있음을 확인하게 된다. 노예인 사람은 하나님이 자신에게 부여하신 것의 일부가 노예의 삶임을 인식하고 그 삶을 잘 살아야 한다. 그런데 자유를 얻을 수 있는 기회를 발견하고도 "하나님이 나를 노예로 부르셨으니 여기에 머물러야지"라고 말해서는 안 된다. 그는 기회를 이용해야 하며, 하나님이 자신의 임무를 바꾸셨다는 사실을 인식해야 한다.

여기서 바울이 사용한 소명의 개념은 많은 그리스도인이 소명에 대해 이야기하는 방식과 상당히 다르다. 사람들에게 있어 소명이란 하나님이 인생에서 추구하도록 의도하신 한 가지 큰 일이며, 이는 거의 변하지 않는다. 우리가 만들어지고 재능을 받은 것은 소명을 위해서이고, 열정을 가지고 삶에서 의미와 성취감을 느끼게 해 주는 것도 소명이다. 이것이 우리가 아는 소명이지만 바울은 다르게 생각하는 듯하다.

바울에게 있어 가장 중요하고 본질적인 소명이란 예수님을 따르고, 그분이 우리를 위해 이루신 구원에 합당한 삶을 사는 것이다. 그리고 그 삶은 어느 순간이든, 무엇이든 간에 하나님이 우리에게 맡기신 모든 상황 속에서 이루어져야 한다.

당신의 소명은 무엇인가? 주위를 둘러보라!

이제 우리가 살펴본 내용을 실제 삶에 적용해 보자. 당신의 신성한 소명이 무엇인지 알고 싶은가? 그렇다면 주위를 둘러보라. 하나님이 우리 삶에 두신 책임, 기회, 의무, 상황을 보라. 이 모두가 바로 지금 하나님이 당신에게 맡기신 것이며, 당신을 부르신 곳이다.

물론 당신의 임무가 바뀔 수도 있겠지만 현재로서는 그러한 호기, 책무, 환경이 당신의 임무이자 소명이고 당신이 배치된 곳이다. 그러므로 당신의 더 큰 소명은 이 모두를 예수 그리스도께 합당한 방식으로 행하는 데에 있다.

당신이 소명이라고 부를 만한 한 가지 큰 무언가를 찾고 있거나 이미 찾았다고 생각한다면, 당신은 성경이 결코 사용하지 않는 개념을 받아들인 것이다. 소명이란 우리 삶에서 어느 한 가지가 아니라, 주어진 모든 순간 곧 인생의 '전부'이다. 소명을 잘못 이해하거나 어떤 커다란 일로 여기게 되면 우상숭배나 나태함에 빠질 위험이 있다. 쉽게 말해 우리는 그 한 가지 큰일을 우상화하고 하나님이 삶에 두신 다른 영역에서는 게으름을 피울 것이다.

이미 어떤 큰일을 하고 있다면 "이것이 나의 소명이다"라는 핑계로 다른 책임에 소홀하게 될 테고, 그렇지 않다면 "나는 아직 소명을 받지 않았다"라는 핑계로 하나님이 주신 책임을 간과하게 될 테다. 나아가 당신은 그 일을 완수해야만 만족과 성취를 얻는다고 생각하여, 하나님이 삶의 모든 상황에 선한 목적을 갖고 계시다는 사실을 놓쳐 버릴 것이다.

하지만 바울이 여기서 말하는 바를 제대로 이해하게 되면, 지금 하나님이 당신에게 맡기신 일에 다음과 같이 더욱 충실하게 된다.

- 현재 맡고 있는 일을 대충 해치우는 대신, 그 일이 바로 지금 만큼은 하나님이 당신에게 맡기신 것임을 깨닫게 된다. 그것이 당신의 소명이자 임무이며, 보좌로부터 주어진 일이다. 그러므로 당신은 그것을 진지하게 받아들이고 열정과 신실함으로 이루어야 한다.
- '소명 안에' 있지 않다고 낙담하거나 길을 잃었다고 생각하는 대신, 하나님이 당신을 현재의 환경 심지어 현재의 직업에 선한 이유로 보내셨다는 사실을 깨달으면 자유로워진다. 당신은 바로 지금 하나님이 부르신 곳에 있다. 물론 이 부르심은 다음 주나 10년 내로 변할 수도 있지만, 지금으로서는 거기가 왕께서 당신을 배치하신 곳이다.

아브라함 카이퍼는 "만유의 주권자이신 그리스도께서 인간의 모든 영역에서 '내 것이다!'라고 선언하시지 않은 곳이 없다"라고 말했다. 이것이 참되기에 우리는 하나님을 찬양한다. 그리고 하나님이 다스리시지 않은 순간이 단 1초도 없었다는 사실 또한 참되기에 우리는 하나님을 찬양한다.

하나님은 실수하지 않으시며 우리를 잊지 않으신다. 당신의 상황이 어떠하든, 당신이 그것을 좋아하든 싫어하든, 그것이 당신의 열정에 맞든 안 맞든, 그것은 바로 왕께서 당신에게 주신 것이다. 그분을 잘 섬기라!

- 더 이상 원하지 않거나 더 이상 재능이 없다고 여겨지는 소명에 갇혀 있다고 느끼는 대신, 하나님이 때로는 우리의 임무와 배치를 바꾸신다는 사실을 인식하면 당신은 자유로워질 것이다. 삶이 파도처럼, 단계마다, 계절을 따라 변하듯 하나님이 우리를 배치하시는 곳도 그러하다.

 하나님은 인생의 한 계절 동안 하나의 일을 하도록 우리를 보내셨다가 다른 계절이 찾아오면 완전히 다른 임무를 주실 수도 있다. 이는 부끄러워할 일이 아니라, 오히려 우리 인생에서 일하시는 하나님의 손길을 보며 기뻐해야 할 일이다.

- 인생에서 반드시 특정 직업이나 직책을 가져야 한다고 고집하는 대신, 자신의 재능에 대해 다른 사람들이 조언하는 내용을 진지하게 받아들일 수 있다. 나(그렉)는 교회 예배 후 젊은이가 내게 다가와 "저는 목사가 되라는 부르심을 받았어요"라고 말하는 것을 몇 번이나 들었는지 모른다. 그럴 때면 나는 우리가 힘든 시간을 보내게 될 거라고 예상한다.

 자신이 반드시 목사가 되어야 한다고 확신하는 마음은, 비록 교회의 장로들이 그에게는 목회에 합당한 은사가 없다고 판단할지라도 자신에게 목사가 될 '권리'가 있다는 생각으로 변질될 수 있기 때문이다. 이보다 훨씬 더 바르고 겸손한 태도는 다음과 같이 말하는 것이다. "저는 언젠가 목사가 되고 싶고,

주께서 그 일을 제게 맡겨 주시기를 바랍니다. 하지만 무엇보다 여러분이 제가 그 일에 합당한 은사를 받았다고 보시는지 알고 싶습니다."

열망, 은사, 기회

하나님이 당신을 특정한 사역이나 일터로 보내고 계시다는 것을 어떻게 알 수 있을까? 당신이 (앞에서 살펴본 고전 7:17의 의미에서) 어떤 직업이나 사역에 배치되고 있는지 어떻게 분별할 수 있을까? 우리는 열망, 은사, 기회라는 세 가지 측면에서 그것을 파악할 수 있다. 이 세 가지 중 어느 하나라도 빠져 있다면, 하나님이 그 일을 당신에게 맡기지 않으셨을 가능성이 높다. 반대로 이 세 가지가 모두 충족된다면, 그 일은 신중하게 살펴볼 가치가 있을 것이다.

하나님이 우리의 임무를 바꾸고 계신지 판단하는 중요한 요소 중 하나는 우리 자신의 '열망'에 있다. 나에게 그 일을 하기 원하는 마음이 정말로 있는지 질문해 보라는 것이다. 물론 우리가 그리스도인으로서 갖는 열망일지라도 그것을 언제나 신뢰해서는 안 된다. 다른 모든 것과 마찬가지로 이기적인 야망,

탐욕, 두려움, 게으름에 영향을 받을 수 있기 때문이다. 우리의 열망에 죄의 영향이 없는지 신중하게 검토했다면, 무언가를 하려는 건강하고 경건한 열망은 하나님이 우리에게 그 일을 맡기고 계신지 판단하는 중요한 요소가 된다.

그러나 열망만이 우리가 고려해야 하는 요소는 아니다. 당신이 생각하는 일을 수행할 능력, 준비, 경험을 갖추었는지도 고려해야 한다. 간단히 말해 그 일에 '재능'이 있는지 질문해 보라는 것이다. 이것은 당신이 스스로 답할 수 있는 질문이 아니라, 당신을 잘 아는 다른 사람들이 답할 수 있는 질문이다. 예를 들어 한 청년이 목회 사역을 하고 싶다는 열망을 보일 때 우리가 교회로서 감당하는 중요한 일 가운데 하나는, 그가 그 사역을 잘 수행할 은사와 자질을 갖추고 있는지 분별하는 것이다.

이는 목회적 사역에서만 중요하게 작용하는 것이 아니다. 우주 비행사가 되기를 간절히 원할 수는 있다. 하지만 그 직업을 위한 준비와 훈련이 되어 있지 않고 수학에 능숙하지도 않다면 하나님이 그것에 대한 은사를 주지 않으셨다고 볼 수 있다. 따라서 하나님이 자신을 우주 비행사로 부르셨다고 주장하지 않는 것이 좋다.

그리스도인들은 어떤 역할에 대한 개인의 재능을 고려할 때, 그것을 "외적 부르심"이라고 부르기도 한다. 어떤 일을 하고 싶다는 열망이 '내적 부르심'이라면, 그 일을 감당해 낼 능력이 있는지에 관한 사람들의 의견이 '외적 부르심'이다. 그런데 성경에서는 이러한 표현들이 사용되지 않으므로 조심해야 한다. 어떤 욕망을 내적 부르심의 수준으로, 또 어떤 은사를 외적 부르심의 수준으로 끌어올리는 일은 성경이 하지 않은 것이므로 우리를 앞서 설명한 위험에 빠뜨릴 가능성이 있다.

마지막으로 어떤 일에 대한 열망과 그 일을 잘해 낼 능력이 있는 것처럼 보일지라도 하나님이 당신에게 그 일을 할 '기회'를 주셨는지 여쭤야 한다. 우주 비행사가 되고 싶다는 열망이 있고, 주변 사람들도 당신이 훌륭한 우주 비행사가 되리라고 생각할 수 있다. 그러나 NASA로부터 이메일을 받기 전까지는 하나님이 실제로 당신을 우주 비행사로 임명하지 않으신 것이다. 열망과 은사만으로는 충분하지 않다. 기회도 필요하다.

누군가가 "저는 목사가 되라는 부르심을 받았어요"라고 자신을 소개할 때 나의 일반적인 반응은 미소를 지으며 "와, 멋지네요! 그럼 어느 교회 목사님이세요?"라고 대답하는 것이다. 그러면 보통은 그가 말하려던 바를 설명하기 위해 애쓰게 된다. 그런데 사실 내가 그에게 전하려는 요지는 이렇다.

"하나님이 실제로 당신을 한 교회의 목사로 세우시기 전까지 (그분이 당신에게 목사가 될 기회를 주시기 전까지) 당신은 목사로 부름받거나 배치된 것이 아니에요. 지금까지는 그저 목사가 되고 싶다는 열망이 있을 뿐이에요. 은사에 관해서는, 당신이 살아가며 섬기는 가운데 어떻게 드러나는지 지켜봐야 할 거예요. 그리고 하나님이 당신에게 정말로 목사가 될 기회를 열어 주시는지도 그때 가서야 알 수 있을 거예요."

그러나 여기서 주의해야 할 점이 있다. 궁극적으로 하나님이 우리에게 맡기신 임무는 우리가 특별히 원하든 원하지 않든, 은사를 받았다고 느끼든 느끼지 않든 주어진 순간에 하나님이 우리 삶에 두신 모든 것을 포함한다.

이 책을 통해 당신의 마음과 생각에 계속해서 새기려고 했던 것은 '무엇'을 하느냐보다, 그것을 '누구'를 위해 하느냐가 훨씬 더 중요하다는 사실이다.

삶의 전 영역에서 우리는 왕을 위해 일한다. 그리고 왕께서 우리를 지금과 같은 업무, 봉사, 책임, 기회의 영역에 배치한 데에는 분명한 이유가 있을 것이다. 그것들은 변할 수도, 변하지 않을 수도 있다. 그럼에도 불구하고 우리는 바울이 고린도전서 7장 17절에서 말한 것처럼 살아가야 한다.

"오직 주께서 각 사람에게 나눠 주신 대로 하나님이 각 사람을 부르신 그대로 행하라 내가 모든 교회에서 이와 같이 명하노라."

무엇보다도, 당신이 받은 구원의 고귀한 부르심에 합당한 삶을 살라.

+ 더 생각해 보기

1. 마태복음 22:14; 고린도전서 1:26; 이사야 43:1-4; 로마서 1:6-7; 베드로전서 2:21; 에베소서 4:1; 사무엘상 3장; 고린도전서 7:17-24을 읽고 묵상하라.

2. '소명 찾기'의 중요성과 부르시는 분을 따르는 것의 중요성을 혼동하고 있는가? 스승인 예수님 대신 소명 찾기에 더 집중하고 있었는가? 그렇다면 잠시 시간을 내어 하나님께 다른 무엇보다 그분을 사랑하고 경배할 수 있도록 도와달라고 기도하라.

3. 비성경적인 소명 개념의 큰 문제점 중 하나는, 우리가 감정을 지나치게 신뢰하도록 만든다는 것이다. 하나님이 우리를 위해 예비하신 무언가에 부르심을 받았다는 '느낌'을 가질 수 있지만, 그 감정은 우리를 그릇된 길로 인도하거나 틀릴 수 있다.
하나님이 당신을 부르신 일이 무엇인지 잘못 생각한 적이 있는가? 그리스도인으로서 성경을 통해 부르심을 올바르게 이해하는 것이 어떤 도움을 줄 수 있을까?

4. 현대 사회를 살아가는 우리는 이전 세대보다 폭 넓은 선택지를 갖게 되었다. 하지만 그리스도인으로서 하나님이 자신을 위해 예비하신 단 하나의 큰일을 찾아야 한다고 생각할 때, 그 많은 선택지가 부담스럽게 느껴질 수 있다.
당신은 최고의 선택지를 고르려 더 많은 에너지를 썼는가, 아니면 그리스도 안에서 하나님이 당신에게 얼마나 선하고 강한 분이신지 묵상하는 데 더 많은 에너지를 썼는가?

5. 하나님은 평범한 환경의 평범한 사람들을 통해 특별한 왕국의 일을 이루신다. 당신은 특정한 소명을 우상화하는 경향이 있는가, 아니면 소명이 없다고 인식되는 상황에서 게으르게 지내는 경향이 있는가? 당신은 능동적인 상태나 수동적인 상태에서 하나님을 향한 새로운 확신과 신뢰로 나아가는 방법을 알고 있는가?

에필로그

세상이 말하는 성공의 기준에서 자유로워지다

우리는 왕을 위해 일한다. 회사나 보수에 상관없이 왕이신 예수님을 위해 일한다. 우리의 직업을 이런 개념으로 인식하기 시작하면 파급 효과는 엄청나다. 우리는 세상에서 말하는 것과 달리, 직업이 모든 것을 제공할 수 없다는 사실을 깨닫는다. 직업이 우리에게 정체성이나 궁극적인 목적과 의미를 제공하지 못한다. 일이 우리를 온전히 만족시킬 수도 없다. 우리가 예수님을 위해 일할 때 일을 숭배의 대상으로 삼으려는 유혹이 사라지게 된다.

우리는 이와 반대의 태도도 배격하게 된다. 자신이 별로 중요하지 않은 일을 하고 있다는 생각으로 직장 동료들에게 무관심하고 마지못해 근무 시간을 때우는 태도 말이다. 예수님을 위해 일한다는 사실을 깨달으면 그분이 우리에게 어떤 일을 맡기신 데에는 이유가 있다는 것도 알게 된다. 따라서 하나님의 목적을 외면한 채 나태함에 빠지기를 택하지 않는다. 일을 우상으로 섬겨서도, 일에 나태해서도 안 된다. 우리는 현재의 일터로 이끄신 왕께 충성하는 것을 목표로 삼는다.

예수님을 위해 일하면 성공에 대한 정의도 바뀐다. 세상 사람들의 성공 기준은 각양각색이다. 그중 하나가 돈이다. "가장 많이 소유하고 죽는 자가 승자다"라는 말이 있다. 권력이라는 기준도 있다. 그리고 다른 사람들에게 큰 영향력을 발휘하는 사람을 성공했다고 보기도 한다. 스티브 잡스와 그의 정보 혁명에서는 성공을 눈에 보이는 영향력으로 규정한다. 하지만 어떤 이들에게는 단순한 생존이 성공이다. 식탁에는 음식이, 머리 위에는 지붕이, 통장에는 아이를 위한 학비가 있으면 된다. 그러다 가끔 휴가를 즐기면 성공적인 삶을 사는 것이다.

성공에 대한 이런 정의들은 성경적이지 않으며 일을 과대평가하거나 과소평가하는 마음을 반영한다. 그리스도인에게 성공은 돈, 권력, 영향력, 표준이 되는 삶과 별 상관이 없다. 성공은 '신실함'으로 규정된다. 왕께서 보고 계시므로 무슨 일을 하든지 성실한 마음으로 하는 것이다.

일을 통해 큰돈을 벌거나 가족에게 안락한 삶을 제공할 수 있다. 심지어는 세상을 변화시킬 수도 있다. 하지만 궁극적으로 이것들이 성공과 직결되지는 않는다. 훗날 왕이신 예수님 앞에서 "주님이 보내신 곳에서 제가 성실하게 섬겼고 최선을 다했으며, 사람을 위해서가 아니라 주를 위해서 온 마음을 다해 일했습니다"라고 말할 수 있다면 바로 그것이 성공이다.

이런 성공을 목표로 삼을 때 우리는 자유로워진다. 세상적인 성공의 기준에 더 이상 얽매이지 않기 때문이다. 우리는 예수님의 관점에서 성공을 규정한다. 따라서 자신을 다른 사람들과 비교하려 들지 않는다. 성공이란 단지 우리의 전부를 왕이신 예수께 드리는 것이다.

우리가 지구상에서 재능이 가장 많은 사람은 아닐 수 있다. 우리는 다섯 달란트 받은 사람이 아니라 한두 달란트 받은 사람일 수도 있다. 하지만 그런 건 중요하지 않다. 왕이 현재의 일터로 우리를 보내셨다. 그분이 원하시는 곳에 우리를 배치하셨기에, 그분께 받은 모든 것으로 충성을 다하는 것이 우리의 일이다.

많은 그리스도인이 완벽주의와 비교 의식, 심지어 시기심으로 고심한다. 만일 당신이 그러고 있다면 완벽함보다 신실함을 요구하시는 하나님의 은혜로운 부르심을 들으라. 왕을 위해 일하면 다른 사람들과 자신을 비교하는 어리석음에서 벗어난다. 예수님을 위해 일하면 결과로 성공을 평가하는 태도에서도 자유로워진다. 대신 하나님을 신뢰하며 주어진 일을 잘 감당하는 것을 성공으로 여기게 된다.

잠언 16장은 결과 지향적인 사람을 위한 내용을 담고 있다. '우리'가 하는 일을 묘사한 동사들을 살펴보라. 우리가 계획을 세우고(1, 9절) 우리의 행위를 평가하며(2절) 제비를 뽑는다(33절). 그다음에 '여호와께서' 하시는 일을 보라. 그는 응답하시고(1절) 우리의 동기를 감찰하시며(2절) 우리가 경영하는 것을 이루신다(3절). 또한 온갖 것을 쓰임에 적당하게 하시고(4절) 우리의 걸음을 인도하시며(9절) 모든 결정을 주관하신다(33절).

우리가 계획하고 실행하지만 그 결과는 하나님의 결정에 달렸다. 이 진리는 우리를 자유롭게 한다. 우주의 하나님, 나를 사랑하셔서 자기 아들을 내주신 하나님의 강력한 손에 내가 하는 일의 결과가 달려 있다. 만일 내가 성공한다면 그가 성공하게 하신 것이다. 만일 내가 실패한다면 그분의 결정에 따른 것이다.

결과가 어떠하든 "하나님을 사랑하는 자 곧 그의 뜻대로 부르심을 입은 자들에게는 모든 것이 합력하여 선"(롬 8:28)을 이룬다는 것을 우리는 확신할 수 있다. 결과는 우리 손에 달려 있지 않다. 우리는 마음을 다해 열심히 일할 뿐이다. 그리고 그 결과를 하나님께 맡긴다.

예수님을 위해 일하면 보수가 기준이 되는 성공으로부터 자유로워진다. 힘든 수고의 결과를 이생에서 얻는 것도 근사하다. 하지만 보수가 아무리 큰 기쁨을 줄지라도 그리스도인은 예수님 앞에 설 때 가장 큰 상급을 얻는다는 사실을 알고 있다. 그 상급은 이 세상의 것과 달리 손상되거나 쇠퇴하지 않을 것이다.

우리가 눈앞의 결과에 연연하지 않고 마음을 다해 일하며 하나님과 다른 사람들을 사랑하는 것은 영혼의 굳건한 닻이 내려져 있기 때문이다. 우리는 최선을 다하되, 최종 점수를 염려하지 않는다. 이 땅에서의 점수가 어떠하든 우리는 하늘에서 후한 점수를 얻게 될 것이기 때문이다. 구속 사역을 완수하신 주께서 못 박힌 손에 우리의 상급을 들고 기다리신다.

우리가 예수님을 위해 일한다는 사실에 마음을 집중할 때 일터에서 큰 자유를 경험한다. 더 이상 일을 숭배하지 않으며, 일을 목적의식 없이 마지못해 해야 하는 골칫거리로 여기지도 않는다. 우리 왕의 사역으로 인해 가장 중요한 것들이 우리를 위해 이미 확보되었는데 어떻게 우리가 그리할 수 있겠는가?

우리를 대신하여 예수님이 십자가에서 행하신 일 때문에, 그분이 지금도 살아계시며 통치하시기 때문에 우리는 주님에게 속한 존재로서의 정체성과 사랑, 칭의, 상급을 지니고 있다.

에필로그 245

따라서 우리는 스스로의 노력으로 그런 것들을 추구하지 않아도 된다. 우리의 정체성을 얻기 위해 일할 필요가 없다. 이미 우리는 그리스도 안에서 존귀한 정체성을 확보했다. 예수님 덕분에 우리는 이미 하나님께 받아들여졌고, 그분의 구속을 받은 가족이 되었다. 우리는 하나님의 사랑을 얻기 위해 일할 필요가 없다. 우리의 자격을 스스로 입증할 필요도 없다. 이 모든 것을 예수님이 우리를 위해 확보해 주셨기 때문이다.

이제 우리는 애당초 일을 통해 만족시킬 수 없는 불가능한 요구로부터 자유로우며, 자신의 일을 대수롭지 않게 여기는 태도로부터 벗어난다. 우리는 즐겁고 진심 어린 마음으로 자유로이 왕을 섬기는 삶을 살 수 있다.

+ 더 생각해 보기

1. 잠언 16장; 로마서 8:28을 읽고 묵상하라.

2. 이 책의 핵심 개념을 요약하라. 그것은 당신의 성공관에 어떤 도전을 주는가?

3. 당신의 직업을 하나님의 관점에서 묘사해 보라.

4. 당신을 넘어뜨리기 쉬운 세상적인 유혹들은 무엇인가?

5. 왕이신 예수님을 위해 일할 때 당신의 직업에 어떤 목적과 의미가 부여되는가?

감사의 글

이 책을 쓸 수 있도록 흥미와 열정과 비전을 갖게 해 주신 하나님의 은혜에 가장 먼저 감사를 드린다. 이 책에는 우리가 직접 일터에서 겪었던 의문, 분노, 고심의 경험들과 성경의 도움을 모색하는 과정이 담겼다. 하나님은 많은 사람을 통해 우리의 생각을 다듬고 우리를 격려하셨다. 매트 아이엘로와 아쇼크 나츠나니에게 특별히 감사드린다. 이들 두 형제의 경건한 지혜와 조언이 큰 격려가 되었다.

　은혜로운 교회에 속한 것이 우리에게 큰 축복이다. 그렉은 루이스빌 소재의 서드 애비뉴 침례교회를 섬기고, 세바스찬은 워싱턴 D.C.에 있는 캐피톨 힐 침례교회에 다닌다. 이들 교회의 신자들을 만나게 해 주신 하나님을 찬양한다. 그리고 두 교회 간의 협력이 앞으로 더욱 향상되기를 기도한다.

신실한 강해 설교와 적용에 헌신하며 그 기법을 다른 이들에게 가르치는 마크 데버에게 감사드린다. 우리의 사고에 영향을 미친 다른 형제들에게도 감사드린다. 마이크 길바트-스미스, 앤드루 니콜스, 조너선 리먼, 제이미 던롭, 조시 모렐, 스콧 크로프트, 밥 터커는 훌륭한 생각을 공유하는 동역자들이다. 라이언 타운센드, 제이슨 타운센드, 구스 프리처드, 저스틴 레드버그, 코비 메고던은 '마켓플레이스 원'과 리디머 장로교회의 '아이 포럼'의 팀원들로서 많은 도움을 주었다.

각 장 마지막에 더 생각해 볼 질문들을 넣자고 제시한 조시 트렌트에게 특별히 감사드린다. 이 책을 집필하는 과정에서 그의 일관된 격려가 큰 힘이 되었다.

나(세바스찬)는 여러 해 동안 사업 파트너로 일해 온 던컨 레인, 브라이언 후지토, 데이비드 램에게 특별히 감사를 표하고 싶다. 그들은 내 생각을 다듬도록 도와주었고, 복음의 원칙을 일터에 적용하려는 나의 의도를 누구보다 잘 알고 있다. 크리스채너티닷컴(Christianity.com)의 동료 직원들과 라주에게, 레가툼과 파이브스트리트의 투자 팀들에, 그리고 왕이신 예수님을 신실하게 섬기며 삶의 모범을 보이는 톰 홀턴에게 감사드린다.

끝으로 우리 두 사람은 이 프로젝트와 인생 여정의 가장 소중한 동반자들인 니키 트레거와 모라이어 길버트에게 감사를 표하고 싶다. 이들은 부족한 남편을 사랑해 너무 크게 희생하고 있다. 아내로서, 엄마로서, 교회 구성원으로서, 친구로서, 격려자로서의 사랑과 지원을 통해 '왕을 위해 일하는 것'이 무엇인지 진실하고 명쾌하게 보여 주고 있다.

사랑합니다!

부록 1

크리스천 직장인으로 살기 위한 다섯 가지 지침

세바스찬 트레거

여러 해 동안 나는 크리스천 직장인으로 살기 위해 일상에서 다섯 가지를 실천해 왔다. 당신이 나의 실천 사항에 모두 동의하지 않을 수 있겠지만, 이를 통해 더 신실해지며 더 많은 결실을 거두게 되는 삶의 습관에 대해 생각해 보기를 바란다.

1. 예수님과 함께하는 시간: 매일 말씀을 묵상하고 기도하라

그리스도인으로서 성장하는 핵심 방법들 중 하나는 하나님의 말씀을 가까이하는 것이다. 로마서 12장 2절은 "오직 마음을 새롭게" 하라고 당부한다. 마음을 새롭게 하는 데에는 꾸준한 말씀 묵상이 매우 효과적이다. 말씀 묵상 시간은 커피 추출 과정과 유사하다. 커피 가루에 뜨거운 물을 부으면 짙은 커피가 나온다. 하나님 말씀을 우리 안에 부으면 우리 마음이 변화되어 그리스도를 더욱 닮아 간다.

만일 당신이 치열한 삶의 현장에서 일하고 있다면 매일 잠언을 한 장씩 읽으라고 권하고 싶다. 잠언은 31개의 장으로 구성되어 있어 한 달 동안 읽을 수 있고 그중 150여 개 구절이 일터와 관련된 내용이다. 따라서 일하는 중에 그 말씀들이 생각날 것이다. 잠언은 경건한 지혜를 그리스도인의 삶에 적용하는 데 큰 도움이 된다. 잠언 16장의 몇 구절을 예로 들어 보자.

"공평한 저울과 접시 저울은 여호와의 것이요 주머니 속의 저울추도 다 그가 지으신 것이니라"(11절).

"의로운 입술은 왕들이 기뻐하는 것이요 정직하게 말하는 자는 그들의 사랑을 입느니라"(13절).

"노하기를 더디하는 자는 용사보다 낫고 자기의 마음을 다스리는 자는 성을 빼앗는 자보다 나으니라"(32절).

또한 나는 매일의 일정표를 놓고서 기도하라고 권하고 싶다. 하루를 시작하기 전에 하루 동안 마주하게 될 여러 회의, 메모,

이메일, 통화, 대화 등을 위해 잠시 기도하는 시간을 갖자. 겸손, 인자, 인내를 구하자. 주의 영광을 위해 일할 기회를 주신 주께 감사하는 기도를 드리자. 힘든 상황에서도 자비의 마음을 잃지 않도록 기도하자. 주를 위해 일하는 중에 사장이나 고객들을 잘 섬길 수 있도록 기도하자.

장래 일로 인해 불안한 마음이 생길 때는 산책을 하거나 가까운 카페에 가자. 하나님이 죄로부터 영원한 생명으로 우리를 구원하신 사실을 떠올리자. 하나님이 자신의 신실하심을 입증해 오신 사건들을 기억하자. 복음의 빛이 우리의 근심을 어떻게 몰아내는지 생각하자. 신뢰의 닻이신 예수님을 의지하자. 이렇게 할 때 우리는 일을 우상화하거나 나태함에 빠지는 죄악으로부터 벗어날 수 있다.

2. 소속 : 지역 교회에 출석하며 적극적으로 참여하라

제자로서의 삶을 시작하려면 두 날개가 필요하다. 개인적으로 성경을 묵상하고 기도하는 것이 하나의 날개이며, 지역 교회에 연결되는 것이 다른 날개다.

하나님은 지역 교회에 모이도록 우리를 은혜롭게 부르셨다. 거기서 우리는 하나님께 예배드리고, 선포되는 진리의 말씀을 들으며, 하나님의 신실하심을 서로 상기시킨다. 교육이나 민족

의식이나 경험 등 여러 면에서 다를 수 있는 사람들을 세우기 위해 함께 모이는 일은, 세상 기준으로 성공을 평가해서는 안 된다고 상기시킨다.

3. 책임 : 동역자와 삶을 솔직하게 나누라

서로에게 책임감을 갖고 대하는 동역 관계는 이 세상의 방식, 우리의 사고나 행동에 미치는 세상의 영향력에 대항하도록 도와준다. 나는 삶의 네 가지 핵심 영역에 대해 논의하기 위해 격주로 교회 친구를 만난다. 형편상 모임을 갖지 못하면 바로 다음 주에 만난다.

우리는 카페에서 만나 50여분 동안 삶의 핵심 영역들을 이야기한다. 개인적인 제자훈련, 관계들(결혼생활이나 양육 등), 복음 사역, 일에 대해서 말이다. 10분 동안은 지난주의 일들을 돌아보고 이번 주의 목표를 생각한다. 그리고 돌아가면서 자신의 얘기를 하고 다소 거북스러운 질문들까지 스스럼없이 주고받는다. 우리는 주로 한 가지 영역에 대부분의 시간을 할애하며, 그것을 성경적인 관점에서 충분히 토론한다.

예를 들어 친구는 어린 자녀들을 훈육하는 법에 대해 고심하고 있었다. 그는 몇 주에 걸쳐 이 문제에 관한 성경 메시지를 숙고한 후에 다양한 전략을 시도했고 여러 책을 읽었다. 그래서 나름대로 최선의 방법을 찾아냈다. 이 같은 시도는 일을 잘하는 법을 알아내는 데에도 큰 도움이 된다.

한 걸음 더 나아가 동역자가 다음과 같은 성실한 습관을 개발하도록 도와줄 수 있다. 매일 아침 같은 시간에 직장에 도착하고 산만하지 않게 주의하며, 일을 잘하기 위해 충실하도록 말이다. 모든 과정은 내면적인 싸움이다. 동역자는 우리의 마음을 객관적으로 평가하도록 도와준다.

4. 검토: 주기적으로 과제들을 검토하라

주기적인 과제 검토는 매일의 기도 시간에 혼자 할 수 있고, 친구나 배우자와 함께할 수도 있다. 주기적으로 삶을 재점검함으로써 우리는 나쁜 습관이나 죄악된 패턴을 일찍 알아내어 신실한 방향으로 다시 초점을 맞출 수 있다.

나는 매주 아내와 함께 일정을 점검하고, 몇 달에 한 번씩은 시간과 관심이 집중되는 일들을 철저히 점검한다. 그래서 내게 주어진 과제들을 신실하게 감당할 수 있도록 체계적으로 정리한다. 나는 정해 놓은 기간 동안 하나님이 맡기신 일을 해내기 위한 이상적인 스케줄을 짜려고 노력한다.

내 경우에는 6개월 정도 기간을 잡는다. 이는 가족과 함께하는 시간, 교회와 직장에서의 스케줄을 고려하여 얻은 결론이다. 이번 6개월의 기간 동안에는 다른 기간에 비해 친구들을 만날 시간이 없다. 그래서 나는 아내의 도움으로 화요일 밤을 따로 떼어 놓았다. 저녁을 먹고 아이들이 잠자리에 들고 나면 아내와 잠시 얘기를 나누는데, 바로 그 이후인 밤 9시부터 10시 30분까지의 시간이다. 이 시간에 나는 미리 만나기로 약속해 둔 친구들을 집 근처에서 만난다. 한 명을 만날 때도 있고 네댓 명을 함께 만날 때도 있다.

정기적인 과제 점검을 통해 얻는 또 다른 유익은 자신에게 가장 적합한 스케줄과 생활 양식이 무엇인지를 파악할 수 있다는 것이다. 예를 들어 여러 해에 걸쳐 일관성이 있는 일이라면 나는 긴 시간 동안 일할 수 있다는 사실을 알게 되었다. 반면 일관되지 않은 일에 대해서는 소요 시간에 상관없이 거부감부터 느낀다. 이 사실을 알고부터 나는 될 수 있으면 규칙적인 스케줄에 따라 움직인다.

5. 휴가: 시간을 내어 일상에서 떠나라

내 삶의 큰 기쁨 중 하나는 아내인 니키다. 우리는 1년에 두 차례 결혼 휴가를 갖는다. 휴가 날짜는 결혼기념일인 12월 31일 전후와 매년 중순경이다. 이 휴가가 우리에게는 매우 소중하므로 꼭 별도 예산을 마련한다. 결혼 휴가는 언제나 특별하고 잊지 못할 추억을 남기지만 반드시 비용을 많이 들이거나 사치스러워야 하는 건 아니다.

우리는 아이들을 친척에게 맡길 수 있는 시간을 고려하여 하루나 이틀 밤을 여행지에서 보낸다. 우리의 목표는 편안히 쉬면서 삶에 관한 얘기를 나누는 것이다. 즐겁게 지내면서 나는 세 가지 주제를 놓고 길게 대화할 계획을 세운다.

하나는 지난 6개월을 되돌아보는 것이다. 우선 의미심장한 기억들을 적은 후에 주제별로 요약해 본다. 또 하나는 둘의 관계에 관한 얘기다. 서로 간의 의사소통, 친밀성, 각자의 영적 상태, 서로를 격려하는 방식, 우리의 스케줄이 결혼생활에 미치는 영향에 관한 얘기를 나눈다. 세 번째는 다음 6개월에 관한 얘기다. 자녀들, 교회 친구들, 친척과의 관계, 스케줄, 재정 상황, 장래의 꿈과 소망 등이 포함된다.

그리고 우리는 이 소중한 대화를 기록으로 남겨 둔다. 바쁜 세상에서 하나님이 특별히 조력자로 정해 주신 사람과 대화하기 위해 6개월마다 시간을 따로 낸다는 것은 큰 투자다.

나는 매년 두 차례의 결혼 휴가와 함께, 해마다 남자끼리의 휴가도 갖는다. 이런 휴가를 허락해 주는 아내에게 참으로 고맙다. 서너 명의 친한 벗들과 여행을 떠나는데 그중에는 이 책의 공동 저자인 그렉도 포함된다.

여행 중에 우리는 매우 즐겁게 놀지만 계획적인 대화도 나눈다. 여행 일정은 간단하다. 낮에는 놀고, 먹고, 자유롭게 얘기하며 푹 쉰다. 그런 후에 밤이 되면 깊이 있는 대화를 나눈다. 대개 밤 9시부터 새벽 2시까지의 시간으로 정한다.

우리는 보통 3박 4일의 휴가를 계획하며 매일 밤 하나씩, 휴가 동안 나눌 세 개의 대화 주제를 정해 둔다. 가족과 양육, 교회와 사역, 일과 미래 같은 주제들이다. 각자가 주제별로 한 시간씩 진행을 맡는다.

특정 영역과 관련된 자신의 삶을 나누고서 친구들에게 질문을 던진다. 예를 들면 "아이들의 교육을 어떻게 할 건가? 그 이유는?"과 같은 질문이다. 나머지 시간에 우리는 각자 하고 싶은 질문을 임의로 던진다. "작년에 자네는 예산을 조절할 거라고 말했던 것 같은데, 잘 하고 있어? 어떤 조치를 취했지?"

이 휴가의 목표는 서로를 격려하고 서로의 삶을 비판함으로써 다양한 임무를 지닌 신실한 제자들이 되도록 서로를 세우는 것이다. 당신에게도 이 방법을 권하고 싶다. 매년 서너 명의 친구들과 함께 일정 기간 휴가를 가는 건 정말 유익하다. 그리스도인의 삶이란 단거리 경주가 아니라 마라톤이라고 했던 어느 야구 감독의 말이 생각난다. 우리 모두는 그 마라톤을 잘 마무리하도록 도와줄 파트너가 필요하다.

부록 2

성경적인 일의 신학: 에덴동산에서 영광까지

세바스찬 트레거, 그렉 길버트

우리의 일과 삶이 성경 이야기에 어떻게 들어맞는지 궁금해한 적이 있는가? (친한 친구 로버트 클라인의 도움을 받아) 에덴동산에서 영광까지, 일곱 가지의 아름다운 장면으로 이를 설명하겠다.

제1막: "태초에"
하나님은 일하시는 분이다

성경은 하나님이 모든 피조물의 왕이고 주인이시라고 말한다. 예수님을 따르는 사람들은 이 사실을 알고 받아들인다. 그들은 자신의 전 생애가 주께 속해 있음을 인정한다. 또한 하나님이 돌보시는 분이며, 자신의 목적을 이루시기 위해 온갖 유형의 사람을 사용하신다는 것을 안다.

그런데 하나님은 스스로도 일하신다. 그분은 창조적이시며 우리의 삶을 지속시키기 위해 끊임없이 일하신다. 그분은 우리를 구원하기 위해 일하셨고, 우리를 심판하기 위해 일하실 것이다. 그분의 아들인 예수님도 자신이 일하는 분임을 몸소 보여 주셨다.

예수님은 12년 동안 손으로 일하시고 3년만 사역하셨을 가능성이 높다. 요한복음 4장 34절에서 예수님은 "나의 양식은 나를 보내신 이의 뜻을 행하며 그의 일을 온전히 이루는 이것이니라"라고 말씀하신다. 하나님이 하시는 모든 일을 예수님도 하신다. 이어서 예수님은 "내 아버지께서 이제까지 일하시니 나도 일한다"(요 5:17), "나를 보내신 이의 일을 우리가 하여야 하리라"(요 9:4)라고 말씀하신다.

왕, 주인, 창조주, 일하는 분으로서 하나님의 성품을 살펴보면 중요한 모습들을 발견하게 된다. 바로 여기서부터 우리는 일에 대한 신학의 기초를 세울 수 있다. 우리는 하나님이 모든 것의 주인이자 왕이시며 우리의 삶 전체가 하나님께 속해 있음을 안다. 또한 우리가 하나님의 형상대로 창조되었으며, 그분이 일하시는 분이기에 우리도 일하도록 만들어졌다는 사실을 안다.

제2막: "생육하고 충만하고 정복하고 다스리라"
우리도 일하는 존재로 만들어졌다

일에 대한 이야기가 어디에서 시작되는지 생각해 보았는가? 깊이 생각해 보지 않았다면, 인간의 타락 이후에 시작되어 예수님이 다시 오실 때 끝나는 이야기라고 생각할 것이다.

하지만 이러한 이야기의 흐름은 일을 부정적인 시각으로 그려 낸다. 사실 그 이야기는 타락하기 훨씬 전인 에덴동산에서부터 시작되어 영원까지 이어진다. 모든 좋은 이야기가 그러하듯, 이 이야기의 핵심에는 비극적인 위기와 영광스러운 구원이 있다.

완벽한 세상을 창조하신 하나님은 동산 곧 낙원을 만드신다. 창세기 1장 28절에서 하나님은 아담과 하와에게 "땅에 충만하라, 땅을 정복하라" 그리고 "모든 생물을 다스리라"라고 명령하신다. 하나님이 그들을 의미 있는 일에 참여하도록 창조하신 것이 분명하다.

아담과 하와에게는 동산을 돌볼 책임이 있었다. 아담은 육체노동을 하고, 먹을 것을 모으고, 동물들의 이름을 지었다. 그는 창의적이고 과학적인 일꾼이었다. 동물들의 이름을 짓는 일(창 2:19-20)에는 특성을 반영한 이름을 붙이기 위해 동물을 연구하는 일까지 포함되었을 것이다.

하나님은 인간의 번영에 완벽하게 적합한 장소를 창조하셨고 거기에 인간을 두셨다. 그들의 일은 동산을 번성하게 하는 것, 다시 말해 그 조그마한 공간뿐 아니라 온 세상이 낙원이 되도록 동산을 가꾸는 것이었다. 그들은 동산을 망치거나 해칠 수 있는 모든 것으로부터 보호해야 했다.

왜 그들이 이 일을 해야 했을까? 그들이 하나님의 형상대로 창조되었기 때문이다. 하나님이 창조하신 것처럼 그들도 창조해야 한다. 하나님이 질서를 세우고 다스리신 것처럼 그들도 질서를 세우고 다스려야 한다. 하나님이 풍성하고 번성하는 세상을 만드셨기에 그들도 그러한 풍요와 결실을 보호하고 증진해야 한다.

하나님의 대리인으로서 그들의 임무는 하나님이 시작하신 것을 이어받아 그분의 영광을 드러내는 것이다. 그들의 일을 통해 '그들'이 누구인지 드러나는 것이 아니라, '하나님'이 누구신지 드러나야 한다. 그들은 하나님의 형상대로 지음받았기에 그들의 일이 하나님을 증언한다.

아담과 하와가 죄를 짓기 전에는 일이 만족스럽고 생산적이며 의미 있었다는 근거가 없다. 그들은 하나님과 함께 일하며 그분의 창조물을 돌보았다. 하나님이 아담과 하와에게 맡기신 일은 모든 인간 노동의 모범이 된다는 점에서 중요하다.

에덴동산은 하나님이 인간의 번영을 위해 설계하신 장소로, 지구상에 이와 같은 곳은 더 이상 존재하지 않는다. 그곳은 아담과 하와가 결혼생활을 하고 가정을 꾸리며 살던 집이요, 그들이 하나님과 만나던 성전이요, 하나님이 부여하신 생산적인 노동에 참여하던 일터였다. 우리는 그들이 경험한 것을 결코 경험할 수 없다. 교회, 직장, 가족 간의 분열과 갈등이 존재하지 않는 세상 말이다.

제3막: "무엇을 하든지 하나님의 영광을 위해 하라"
모든 일은 왕을 위한 것이다

일은 인간 존재의 기본적인 부분이다. 하나님의 형상으로 창조된 일꾼인 우리는 만들고, 조직하고, 세우고, 고친다. 직업의 목적도 삶의 목적과 동일하다. 즉 하나님께 영광을 돌리는 것이다. 고린도전서 10장 31절에서 바울은 우리가 무엇을 하든지 다 하나님의 영광을 위해 하라고 말한다. 이것이 바로 우리 이야기의 핵심이다.

하나님을 사랑하는 마음으로 그분께 영광을 돌릴 때 우리는 번창한다. 우리의 일을 통해 다른 사람을 존중하고 사랑할 때 우리는 번창한다. 혼란스럽고 비참한 문화에 빛과 소망을 전할 때 우리는 번창한다.

우리는 성경에서 사람들이 하나님의 영광을 위해 일하는 것을 본다. 창세기 1장 26절, 에베소서 4장 28절, 골로새서 3장 23-24절 등의 많은 구절은 일이 인간에게 주어진 하나님의 명령임을 보여 준다. 일을 피해야 한다는 암시는 성경 어디에도 나와 있지 않다. 오히려 그것은 아담에게 내리신 하나님의 명령이고, 이스라엘과 모세 언약 아래에서 신중하게 규제되었고, 잠언과 다른 지혜 문학의 원리에 의해 안내되고, 그리스도가 본을 보이시며 그분의 많은 비유에 등장하고, 바울의 편지에서 지시되고, 다가올 시대의 중요한 부분으로 나타난다.

사도행전과 신약성경에서 예수님을 따르는 대부분의 사람은 직업을 갖고 있었다. 누가복음 3장에서 세례 요한이 사람들에게 회개하라고 외칠 때, 그는 일을 그만두라고 하지 않았다. 도리어 그들에게 경건한 방식으로 일하라고 했다.

우리는 신약성경을 통해 초대교회가 일을 이해하는 방식이 반문화적이었다는 사실을 알 수 있다. 당시 육체노동은 사회의 열등한 구성원이 하는 것이었다. 우월한 사람은 일하지 않고 미, 여가, 사색을 즐겼다. 노동은 하찮은 것으로 여겨졌기에 오로지 노예와 하층민만 일했다. 그러나 예수님을 따르는 사람들은 정당한 일이라면 주 예수 그리스도를 위해 할 때, 그것이 고귀해진다는 사실을 잘 알고 있었다.

바울 자신도 천막을 만드는 자로 일했고, 음식을 얻기 원하는 건강한 사람은 일해야 한다고 교회를 가르쳤다(살후 3:10). 그는 일반적인 상황에서 일할 수 있는 사람이 대가 없이 교회의 자원을 소비해서는 안 된다고 분명히 가르쳤다. 죄가 없고 가족과 공동체의 필요를 충족시키며 하나님의 피조물을 돌보는 일이라면, 거의 모든 일은 하나님이 보시기에 선하다. 그분을 위해, 그분과 함께, 그분의 목적을 위해 일하는 것이 바로 우리가 창조된 이유다.

제4막: "저주받은 땅, 평생의 수고, 가시덤불과 엉겅퀴, 땀 흘림"
일은 힘들고 좌절감을 주며 일시적이다

신학자들이 '타락'을 이해하는 방법 중 아담과 하와가 그들의 일을 제대로 하지 못했다고 보는 것이 있다. 그들은 동산을 관리하고 지키는 일을 맡았으나 이 두 가지 일 모두에 실패했다.

하나님과 인간의 적인 사탄이 나타났을 때 아담과 하와는 그를 쫓아내어 동산을 지키는 대신 그와 대화를 나누었다. 대화가 끝날 무렵 그들은 동산을 관리하지 않고 도리어 자신들을 위해 그것을 사용하려 했으며, 권위를 남용하여 다른 사람들을 위한 것이기도 한 동산을 망친다. 아담과 하와는 즉시 자신들이 그르쳤음을 깨닫게 된다.

상사인 하나님이 그들의 일을 점검하러 오시자 그들은 사무실 뒤편 어딘가에 숨어 버린다. 우리는 기준 이하의 고과 평가를 받는 것, 심지어 해고되는 것이 어떤 기분을 안겨 주는지 잘 알고 있다. 그런데 아담과 하와가 받은 평가는 이보다 더 끔찍하다. 그들은 동산에서 쫓겨났지만, 책임에서 벗어나지는 않았다. 그들에게는 여전히 하나님을 드러내야 할 책임이 있다. 계속 일해야 하는 그들의 세상이 이제 죄로 인해 저주받았다는 점에서 일의 조건이 근본적으로 변한 것이다.

인간은 죄 때문에 세상에서 일을 통해 완전한 만족을 얻을 수 없게 되었다. 일은 항상 불만과 허무를 불러올 것이다. 죄가 세상에 들어온 후 일은 훨씬 힘들어졌다. 하나님이 아담과 하와의 죄를 심판하심으로 모든 인간에게 일은 어렵고 실망스러운 것이 되었다. 창세기 3장은 우리가 일할 때 가시덤불과 엉겅퀴가 있어 더욱 고되리라 말한다. 이는 지금 세상에 있는 그 어떤 것도 마땅히 갖추어야 할 모습대로 존재하지 않는다는 사실을 드러낸다.

죄의 또 다른 결과로 우리가 일을 대하던 본래의 방식이 깨어졌다. 우리는 때로 일을 우상화하고, 때로는 일로부터의 자유를 원하며 나태해지기도 한다. 에덴동산 밖에서 우리가 처음으로 보게 되는 일에 대한 묘사 중 하나는, 가인 자손과 셋(아벨

이 가인에게 살해된 후 태어난 아담의 아들) 자손의 대조이다. 여기서 우리는 노동이 기술을 발전시키고 문화를 형성했음을 알 수 있다. 가인의 자손은 농업, 음악, 야금술을 발전시킨다. 이 모든 일은 정말 좋은 것이다. 그러나 창세기 4장은 가인의 자손이 그들의 일에 의해 정의되며, 그들의 정체성 또한 일에서 비롯되는 것으로 묘사한다.

대조적으로 셋의 자손(경건한 혈통)은 일과 전혀 관련이 없는 것으로 묘사된다. 대신 그들은 '여호와의 이름을 부르기 시작한 사람들'(창 4:26)로 식별된다. 요점은 하나님을 경배하는 자들이 일하지 않는다는 것이 아니라, 그들이 일에 의해 정의되지 않는다는 것이다.

우리는 일, 성취, 성공을 통해 자신을 직접적으로 정의하려는 유혹을 받기도 한다. 우리는 일을 참된 하나님을 경배하는 행위로 보는 대신, 일을 통해 궁극적으로는 우리 자신을 우상화하고 숭배한다.

다른 한편으로 우리는 일에서 벗어난 자유, 여가, 취미, 오락을 통해 자신을 정의하려는 유혹을 받기도 한다. 그리하여 우리는 일을 비하하고 하나님을 경배하는 것으로 여기지 않으며 나태해진다.

제5막: "아버지께서 내게 하라고 주신 일을 내가 이루었사오니"
예수님은 친히 일하심으로 우리의 일을 새롭게 하셨다

요한복음 17장 4절에서 예수님은 아버지께 놀라운 기도를 드린다. "아버지께서 내게 하라고 주신 일을 내가 이루어 아버지를 이 세상에서 영화롭게 하였사오니." 아버지께서 아들 예수님께 이 땅에서 해야 할 일을 주셨던 것이다. 성경은 우리가 하나님께 엄청난 빚을 진 죄인이라고 말한다. 그런데 우리는 그 빚을 갚기는커녕 하나님과 맞서는 일을 계속하여 부채를 더욱 늘리고 있다.

복음은 결코 갚을 수 없는 빚을 지고 죄에 얽매인 종들에게 좋은 소식이다. 그 좋은 소식이란, 하나님이 아들 예수 그리스도를 보내셔서 우리가 진 빚을 대신 짊어지게 하셨다는 것이다. 예수님은 우리가 살아 내지 못한 삶을 사셨고 우리가 받아 마땅한 죽음을 대신 당하셨다. 그분은 죽음과 죄, 무덤을 이기시고 죽은 자들 가운데서 부활하셨다.

예수님이 이루신 구속이 우리의 일을 어떻게 바꾸는가? 복음은 하나님이 우리의 죄를 아들 예수 그리스도께 전가하시고 은혜로 예수님의 의로운 신분과 정체성, 지위를 우리에게 주신다는 선언이다. 우리는 죄에서 돌이켜 우리를 구원하시는 예수님을 의지함으로써 그분과 연합하게 된다.

우리의 빚은 예수님의 죽음으로 전액 청산되었고, 그분이 순종적인 삶을 통해 얻으신 상급이 은혜롭고 사랑스럽게도 모두 우리에게 주어졌다.

삶과 죽음, 부활을 통해 예수님이 이루신 일은 우리에게 가장 큰 기쁨과 의미, 최고의 상을 안겨 주었다. 앞서 인용한 아브라함 카이퍼의 말은 진실이다. "만유의 주권자이신 그리스도께서 인간의 모든 영역에서 '내 것이다!'라고 선언하시지 않은 곳이 없다." 이는 피조 세계의 모든 영역뿐 아니라 우리의 자투리 시간까지도 전부 포함한다.

우리는 그리스도인으로서 예수님의 죽으심으로 우리 죄가 용서받고, 하나님이 예수님의 주권 아래 만물을 자신과 화목하게 하신다는 것을 안다. 그리스도의 죽음과 부활은 깨어진 관계가 건강한 상태로 회복될 수 있다는 희망을 준다.

새 하늘과 새 땅이 완성되기 전이지만 지금 이 땅에서 우리가 하는 일도 만족스럽고 선한 일이 될 수 있다. 완벽하지는 않더라도 어떤 중요한 면에서 더 나아졌고 전부는 아니더라도 부분적으로 회복되었다. 이 회복은 그리스도의 죽음과 부활, 승천으로 이미 시작되었으며 장차 이루어질 새 하늘과 새 땅에서 완전하게 실현될 것이다.

제6막: "내가 만물을 새롭게 하노라"
언제나 일은 예배다

로마서 8장에서 바울은 모든 피조물이 예수님의 재림을 기다리며 신음하고 있다고 말한다. 그분이 오실 때까지 동료들은 실수할 것이고, 우리는 오해받을 것이고, 교통 체증으로 정시 배송에는 차질이 생길 것이고, 스프레드시트 수식에는 오류가 생길 것이고, 비는 건설 프로젝트를 방해할 것이다. 그 와중에 우리는 일을 완전히 포기하고 냉소적으로 변해 버리고 싶을지도 모른다. 하지만 복음은 우리에게 그렇게 하지 말라고 다시 한번 알려 준다.

일에는 어려움이 따르지만 하나님은 그것을 긍정적으로 의도하셨다. 성경은 일을 하나님이 주신 좋은 선물이라고 설명한다. 우리가 살아가는 문화는 일을 그렇게 바라보지 않지만, 우리는 그리스도인으로서 일을 소중히 여기고 이 땅의 다른 모든 것과 마찬가지로 일 또한 구속받을 날을 고대해야 한다.

바울이 로마서 8장에서 피조물의 신음에 대해 썼을 때, 그는 창세기 3장에서 나타난 아담과 하와의 타락을 염두에 두었음이 분명하다. 좌절, 허무, 부패의 속박에 시달리는 것이 바로 우리가 살아가는 현실이다. 하지만 우리에게는 일의 조건이 회복되는 날이 오리라는 희망이 있다. 일은 더 이상 고되거나 헛되지 않을 것이며, 의무적이지도 않을 것이다. 대신 영광스러운 자유가 주어질 것이다.

일 이야기의 종착지는 하나님이 만물을 새롭게 하실 것이라는 데 있다. 우리는 성경의 마지막 부분인 요한계시록 21장 1-8절에서 새 하늘과 새 땅, 즉 일에 관한 절망과 저주가 없는 세상을 본다. 우리는 땅이 더 이상 가시덤불을 내지 않고 고통스러운 수고가 없는 세상을 고대한다. 강제 아닌 자유, 죽음 아닌 영광이 있는 세상을 꿈꾼다. 이것이 바로 하나님이 우리를 위해 쓰신 이야기의 결말이다.

그때가 온다고 해서 일이 사라지지는 않을 것이다. 죄가 세상에 들어오기 전부터 일은 하나님이 우리에게 주신 선물이므로 이 세상 이후에도 계속될 것이다. 일은 폐지되거나 대체되는 대신, 하나님의 안식과 같이 적절한 맥락에서 회복될 것이다. 우리는 히브리서 4장을 통해 하나님의 백성을 위한 안식(여호수아 때 약속의 땅에서 예표된 안식)이 남아 있음을 알 수 있다.

그렇다면 이 안식은 어떤 모습일까? 모세는 신명기 6장 10-12절에서 다음과 같이 묘사한다.

"네 하나님 여호와께서 네 조상 아브라함과 이삭과 야곱을 향하여 네게 주리라 맹세하신 땅으로 너를 들어가게 하시고 네가 건

축하지 아니한 크고 아름다운 성읍을 얻게 하시며 네가 채우지 아니한 아름다운 물건이 가득한 집을 얻게 하시며 네가 파지 아니한 우물을 차지하게 하시며 네가 심지 아니한 포도원과 감람나무를 차지하게 하사 네게 배불리 먹게 하실 때에 너는 조심하여 너를 애굽 땅 종 되었던 집에서 인도하여 내신 여호와를 잊지 말고."

여기서 안식은 일이 없는 삶을 의미하지 않는다. 성경은 안식을 자유와 풍성함, 만족과 열매가 가득한 일의 모습으로 그려 낸다. 새 하늘과 새 땅에서 우리는 하나님의 완전한 안식 안에 거하며 영광스러운 자유를 누릴 것이다. 그리고 우리의 은사와 재능, 창의력, 에너지를 사용하여 동산을 가꾸고 도시를 성장시키며 일에서 오는 만족을 알게 될 것이다.

제7막: "무엇을 하든지 마음을 다하여 하라"
재림 때까지 최선을 다해 일하되, 모든 결과는 하나님께 맡겨라

복음은 우리에게 그리스도께서 이미 아버지의 오른편에서 다스리고 계심을 상기시켜 준다. 그러나 아직 세상은 그분이 다시 오셔서 모든 것을 새롭게 하실 때와 같은 모습을 갖추지 않았다. 그리스도인이 자신의 일을 창조하고, 유지하고, 구원하고, 변화시키는 하나님의 지속적인 일에 참여하는 것으로 보기 시작할 때 그들의 일은 의미와 영적 가치를 지니게 된다. 그리고 그리스도인이 자신의 상사인 그리스도를 위해 전심으로 일할 때 그것은 하나님을 예배하는 수단이 된다.

하나님의 일은 사람들에게 모범이 되고, 크리스천의 일은 하나님의 일과 연결된다. 우리는 자신의 일을 이 땅에서 하나님의 일을 반영하는 것으로 여길 때, 그 일에서 목적의식과 만족을 경험하게 된다. 이는 목회자나 선교사로서의 사역만을 의미하지 않는다.

솔로몬은 전도서 3장 22절에서 "나는 사람이 자기 일에 즐거워하는 것보다 더 나은 것이 없음을 보았나니 이는 그것이 그의 몫이기 때문이라"라고 기록한다. 우리는 아담의 죄가 일에 미치는 영향을 줄이고, 일의 기쁨을 늘리려고 노력해야 한다.

비록 불완전하지만, 구원받은 자들은 하나님의 형상을 반영함으로써 더 나은 직장 문화를 만드는 데 기여할 수 있다. 우리는 이미 일터에서 변화를 일으키기 위해 노력하고 있다. 그러나 모든 직장 문제를 해결하거나 경쟁의 장을 에덴동산으로 볼 수만은 없다는 사실을 너무나 잘 알고 있다.

타락한 세상에서 살아가는 우리는 더 나은 삶을 만들기 위해 일할 책임이 있다. 그리스도인은 재림을 바라보며 열심히 일하되, 결과는 하나님께 맡긴다. 그분이 마침내 모든 것을 회복하실 때까지 말이다. 우리는 창조물에 미치는 죄의 영향에 맞서 싸워야 할 책임이 있으며, 이 책임은 예수님이 재림하실 때까지 지속될 것이다.

우리는 예수님의 부활 이후와 재림 이전의 시간을 살고 있다. 예수님이 오실 때까지 죄의 영향은 지구상의 모든 곳에서 지속되겠지만, 그리스도께서는 영을 통해 그의 백성 가운데 계신다. 따라서 하나님 나라의 축복과 가치가 부분적으로 이 땅에 있다.

일이 어려울 때에도 우리가 즐겁게 일할 수 있도록 하나님은 은혜를 주신다. 우리는 좋아하지 않는 일을 하고 있거나 어려운 상사가 있다고 느껴지더라도 하나님의 도우심으로 일에서 만족을 찾을 수 있다.

노동의 본래 목적은 하나님의 영광을 위해 번영을 이루는 데 있었다. 하나님의 형상을 지닌 자로서 우리의 일은 가정, 직장, 교회 등 모든 영역에서 그분의 선하심과 위엄을 드러내는 것이다. 우리는 주변 사람들을 번영시키고 하나님의 영광을 찬양하기 위해 그분이 맡기신 동산을 돌본다. 일은 다름 아닌 예배다. 우리가 왕의 이름과 영광을 위해 일하기 때문이다. 그러니 무슨 일을 하든지 최선을 다하되, 모든 결과는 하나님께 맡기라.

지금까지 영광스러운 일곱 가지 주제 아래서 일에 관한 이야기를 해 보았다. 당신의 삶도 에덴동산에서 영광까지 이르는 이 이야기의 일부다!

부록 3

직업, 열방을 위한 선교의 통로

세바스찬 트레거

이 책의 초판이 출간된 후, 나는 아주 오래되고 규모가 큰 선교 기관인 국제선교위원회(IMB: International Mission Board)에서 총괄 부회장(EVP)을 맡게 되었다. 국제선교위원회는 건강한 교회를 세우고 이를 확장시킨다는 목표 아래, 복음을 접할 기회가 제한적이거나 전혀 없는 민족과 지역에 신실하게 복음을 전해 온 175년의 역사를 가진다.

선교의 변화하는 풍경

세상이 변하면서 우리는 선교에 대한 접근 방식을 재편하는 역동적인 세 가지 변화를 보고 있다. 첫째는 도시의 급속한 성장과 농촌 인구의 감소다. 이로 인해 세계적으로 연결된 도시들이 부상하게 되었고, 상위 300개 도시가 전 세계 국내총생산의 50퍼센트 이상을 창출하게 되었다. 세계적인 도시는 서구 비즈니스 관행에 우호적이며 무역 언어에 친숙한 경향이 있다.

둘째, 도시가 상호 연결됨에 따라 다양화를 불러왔고 더 큰 도전과 기회가 생겨났다. 도시들은 지역 교통의 중심지 역할을 하며 전례 없이 많은 미전도 종족을 한곳으로 모이게 한다. 그리고 어떤 경우에는, 같은 뜻을 품은 다민족 교회들이 함께 협력할 수 있도록 돕는 잠재적인 파트너로 존재하기도 한다.

셋째, 세계가 상호 연결되면서 더 강한 보안 조치를 취하고 있으며 데이터 공유를 통해 각국 정부가 더 긴밀히 연결되고 있다. 선교사 비자가 과거의 일이 되어 가는 현실 속에서, 미전도 종족과 지역에 복음을 전하려는 사람들은 그곳에 머물러야 하는 부가 가치적인 이유를 필요로 한다. 지역사회에 경제적 혹은 사회적 가치를 더하는 직업이나 사업 같은 것들 말이다.

이러한 역동적인 변화들로 우리는 다음 세대의 선교사가 직업을 버리는 대신 활용함으로써 사업의 날개에 올라타야 한다고 생각한다. 그렇다고 이들이 전액을 지원받는 전통적인 선교사들을 완전히 대체하지는 않겠지만, 앞으로 선교 팀에서 그들을 보완하며 그들과 통합될 가능성이 높다.

앞서 언급한 요인들로 인해 IMB와 선교적 통찰을 가진 교회들은 성도들에게 두 가지 비전을 품도록 격려하고 있다. 하나는 하나님의 영광을 위해 탁월하게 일하라는 것이고, 다른 하나는 하나님의 선교를 위해 전략적인 곳에서 일하라는 것이다.

만약 당신이 비전과 가능성을 내다보는 사람이라면, 복음 전파를 위해 당신의 직업을 어떻게 활용할 수 있을까? 답은 현재 당신이 밟는 삶의 단계에 있다.

탁월하게 할 준비

학생 : 계획적으로 준비하기

학생들은 인생을 길게 바라보며 준비할 수 있는 특별한 기회를 가진다. 에필로그에서 언급한 것처럼 하나님의 주권을 인정하는 계획은 선하고 현명하다(잠언 16장). 그렇다면 학생으로서 전략적으로 일할 가능성을 열어 두면서도, 탁월하게 일하는 계획을 세울 방법이 있을까?

첫째, 대학에서 언어를 배우라. 현지에서 생활하며 배우는 것과는 다르겠지만 교실에서의 배움은 언어를 익히는 훌륭한 출발점이 된다. 만약 영어 원어민이라면 로맨스어(스페인어, 포르투갈어, 프랑스어, 이탈리아어)에 접근하기가 가장 쉽다. 그리고 처음 배울 때는 어렵지만 더 많은 사람과 대화할 수 있도록 준비시켜 줄 언어도 고려하라. 여기에는 중국어, 아랍어, 벵골어, 힌디어, 일본어, 러시아어, 튀르키예어 등의 언어가 있다.

둘째, 한 학기나 1년 정도 해외에서 공부하는 것을 고려해 보라. 학습한 언어를 실제로 적용해 볼 수 있을 뿐만 아니라 문제를 해결하고, 유연하게 생활하고, 비교 문화적으로 관계를 형성하는 기술을 습득할 수 있다. 그러면 자연스레 복음을 거의 혹은 전혀 접할 수 없는 사람들에 대한 마음이 자라날 것이다.

셋째, 앞서 언급했듯 오늘날 우리에게는 어떤 일을 할지에 관한 많은 선택지가 주어졌다. 그 선택지 중 하나로 업무와 관련된 실질적인 기술을 제공하는 전공도 있다. 어떤 종류의 전공이 있는지 더 자세히 알아보려면 계속 읽어 보라.

전문가: 집중하고 경험하기

국제적인 전문가로서 일하는 것은 놀라운 '일거양득'이다. 자신의 역량과 이력을 쌓으면서 선교 사역을 위한 전략적인 자리까지 차지할 수 있기 때문이다. 그런데 상호 연결된 글로벌 도시의 부상과 함께 직장에서의 경쟁은 치열해졌다. 게다가 전문직은 검증된 전문 지식과 입증된 경험을 요구한다.

그럼에도 항상 수요가 있을 것으로 예상되는 분야가 있다. 여기에는 의료(의사, 간호사, 각종 전문가), 교육(특히 국제 학교의 교사, 교수), 금융 서비스(회계사, 재무 분석가), 공학(토목, 기계), 기술(엔지니어/개발자, 프로젝트 관리자), 건설 관리, 영업 및 사업 개발이 포함된다. 이와 관련된 직업들은 훈련과 경험을 요구하기 때문에 미리 계획해야 한다. 특히 경력 초기에 학위뿐만 아니라 실질적인 기술과 경험을 습득하기 위해 노력하라.

사업주와 기업가: 확장하고 실행하기

만약 당신이 사업체를 운영하고 있다면, 그 회사를 선교적으로 활용하는 방법이 있다. 모든 제품이나 서비스에 그대로 적용할 수는 없겠지만, 사업주들은 다음의 몇 가지 방법으로 회사를 활용할 수 있다. (1)사업을 새로운 시장으로 확장한다. (2)사업 협력을 통해 제조를 아웃소싱하거나 확장하며 국제적으로 관계를 형성한다. (3)프랜차이즈나 영업부를 운영한다.

어떤 방식을 선택할 것인지는 회사가 판매하는 제품이나 서비스 유형에 따라 달라진다. 같은 뜻을 가지고 있으며 시장 분석과 선택, 시장 진출을 위한 전략 개발과 실행에 도움을 줄 수 있는 개인이나 회사를 찾아보라.

과거에 기업가적 성공을 거둔 적이 있다면, 당신의 능력을 국제적인 기회에 사용하는 것을 고려하라. 한 가지 경고하고 싶은 바는 수년 동안 BAM(Business as Mission) 전략의 부상과 함께, 국제 선교계는 수많은 사업 실패를 목격했다. 성공적으로 사업을 이루는 것은 당신의 본국에서도 극도로 어렵다. 그러니 해외에서 사업을 시작하는 것은 이러한 어려움을 기하급수적으로 증가시킨다는 사실을 염두에 두라.

두 눈을 크게 뜨고 사업에 뛰어들라. 20년 전 나의 첫 국제 사업은 기회와 위험이 공존한다는 사실을 일깨워 주었다. 시장 구조, 법체계, 비즈니스 윤리가 나라마다 다르게 작동할 수 있기 때문이다. 기업가는 현지에 거주하며 사업을 제대로 구상하고, 검토하고, 실행에 옮기는 것을 고려해야 한다.

은퇴자 : 탐색하고 봉사하기

은퇴자도 많은 것을 제공할 수 있다. 그들은 기술과 역량, 경험과 지혜, 여유로운 일정과 유연성, 비교적 낮은 재정적 부담, 평생에 걸친 제자훈련과 교회 참여에 관한 경험을 갖고 있다. 은퇴자들은 이미 국제적인 현장에서 놀라운 방식으로 쓰임받고 있으며, 앞으로 더욱 크게 쓰임받을 것이다.

일부 도시와 국가에서는 은퇴자들이 주는 가치를 인정하여, 그들이 해당 도시나 국가에 살도록 인센티브를 제공한다. 당신이 일하면서 소득을 얻을 필요가 없는 은퇴자라면, 국제적으로 살아가는 사람들에게 실질적인 도움과 격려를 줄 길이 있다.

선교 팀을 섬기는 경우 단기 선교를 편성하거나, 목회자 훈련을 준비하거나, 아이 돌봄을 제공하며 도움을 줄 수 있다. 비즈니스 사역의 경우 당신의 경험을 활용하여 재정을 관리하거나, 물류 지원을 돕거나, 판매 기회를 열어 줄 수 있다. 그리고 다민족 교회에서는 젊은 부부들을 위한 소그룹 모임을 인도하거나, 새로 온 목회자를 대상으로 멘토링을 진행하는 등 다양하고 실질적인 방식으로 교회를 도울 수 있다. 기꺼이 헌신하려는 은퇴자들에게 무한한 가능성이 있다.

목회자와 사역자: 실행력 기르기

마지막으로, 전임 선교사 또는 사역자 직분에 부르심을 받았다고 느끼는 사람들에게 한마디 하겠다. 하나님을 찬양하라! 나는 더 많은 사람이 자신의 직업을 선교적으로 활용하는 모습을 보기 원한다. 그리고 그만큼 전액 후원을 받아 직접적으로 파송되는 선교사들 또한 더욱 많아지기를 원한다.

그러나 전임 선교사가 되기를 원하는 사람들은 21세기의 선교 세계가 20세기 선교 세계와 얼마나 다른지 인식해야 한다. 선교사 비자를 발급하거나 전임 사역자를 환영하는 국가는 점점 줄어들고 있다. 대부분의 '전임' 선교사들조차 한 국가에서 사역하기 위해 일주일 중 일정 시간을 '전통적인 직업 활동'에 할애하며 지내고 있다. 그렇다면 이들이 할 수 있는 최고의 준비는 무엇일까?

나는 신학교 학위 수여, 시간제 교회 사역 경험, 심지어는 다른 아르바이트 경험을 가진 '예비 선교사'를 너무 많이 보았다. 사역이나 선교에 관심 있는 사람들은 사역을 위해 시간제 또는 임시 직업을 갖는 경향이 있다. 이러한 방식이 틀렸다고 말하고 싶지는 않다. 그러나 한 번쯤은 사역 훈련을 부수적으로 하면서 '세속 직업'을 갖는 것도 고려해 보라. 지역 교회의 일원으로 전도, 일대일 제자훈련, 소그룹이나 주일학교 수업 인도 등 사역 역량을 키워 나갈 수 있는 기회가 얼마나 많은지 모른다.

세속적인 직장에서 일하는 것은 훌륭한 사역 훈련의 기회를 제공하며, 현대 선교 환경에서 요구하는 실질적인 삶과 업무의 기술을 익히게 한다. 그리고 이중직 목회자가 되는 것이 무엇인지 배운다는 차원에서도 유익하다. 선교적 맥락에서 앞으로 많은 교회 지도자가 그렇게 되어야 할 것이기 때문이다.

전임 선교사 사역을 준비한다면, 제자이자 제자를 만드는 사람으로서 교회에 헌신함으로 성장하는 것을 고려하라. 동시에 당신이 세상 일터에서 맡은 일을 성실히 감당하는 근면한 사람이자 권위에 순종하는 사람으로 알려지기 위해 노력하라.

전략적으로 할 준비

'전략적으로 일하기'를 원한다는 것은 단순히 위치에 관한 것이 아니다. 성경은 우리에게 모든 그리스도인이 제자 삼는 제자가 되도록 부르심을 받았다(마 28:16-20)고 말한다. 우리는 이 목표를 마음에 품으며 도전받고 훈련받아야 한다.

하나님의 선교에 참여하는 '부르심'은 특권을 가진 소수에게만 주어진 특별한 임무가 아니라, 그리스도의 모든 제자에게 주어진 책임이다. 모두가 하나님의 선교를 위해 자신의 은사를 활용해야 한다. 하나님이 일부 사람은 복음을 전하는 전임 사역자로 부르시지만, 다른 사람들은 자비량 사역자로 부르신다(사도행전에 나오는 브리스길라와 아굴라의 사역을 생각해 보라).

인생의 단계와 상관없이, 모든 그리스도인은 '전략적으로 일하기' 위해 자신을 준비시키는 다음의 일들을 할 수 있다.

교회의 의미 있는 지체가 되기

하나님은 우리가 지역 교회에 모여 그분을 예배하고, 선포되는 진리의 말씀을 듣고, 서로에게 하나님의 신실하심을 상기시키도록 은혜롭게 부르셨다. 그곳에서 우리는 삶의 여정을 함께 걸어가며 교제할 수 있다.

우리는 각기 다른 교육, 민족, 경험을 가진 사람들을 세우기 위해 모인다. 이는 세상의 기준으로 성공을 측정해서는 안 된다는 사실을 일깨우는 훌륭한 방법이 된다. 만약 우리가 국제적으로 교회를 세우기 원한다면 다음의 실천 방안들을 확실히 알고 있어야 한다.

제자를 삼으라

중요한 사역 중 하나인 제자 삼는 일에는 개인 전도와 그리스도인 양육이 포함된다. 이 책에서 한 장 전체를 전도에 할애했지만 전도는 더욱 장려되어도 지나치지 않다. 신실한 복음 전도자가 되는 것은 다음 세 가지에서 출발한다.

첫째, 하나님의 영광과 우리 주변의 영적 필요에 의해 마음이 움직여 동기가 생겨난다. 둘째, 복음을 설명하고 사람들을 회개와 믿음으로 인도하는 방법을 찾는다. 셋째, 우리의 시간을 기꺼이 사용하고 성령의 인도하심에 순종할 수 있는 마음을 가진다. 신실하게 복음을 전하는 것은 전략적으로 사역하는 핵심적인 방법이다.

당신이 제자 관계를 맺어 본 적이 없다면 어렵게 들릴 수 있지만, 제자를 삼는 것은 생각보다 훨씬 간단하다. 이것은 다른 사람과 말씀, 기도, 삶을 나누는 관계를 맺는 것으로 당신에게 최고의 그리스도인이 되라고 요구하지는 않는다. 때로는 그 사람이 훌륭한 문하생이 되어 상호적인 제자훈련 관계가 이루어지기도 한다. 당신은 단지 함께 성경을 펼치고, 그것이 당신의 삶에 말하도록 허용하며 "이 사람으로부터 무엇을 배울 수 있는가?"라는 질문을 던지기만 하면 된다.

나는 다른 사람들을 제자화하기 위해 주기적으로 삶을 돌아보고 말씀에 비추어 다섯 가지 핵심 영역에 대해 토론했다. 여기에는 개인적인 제자도, 인간관계, 양육(해당하는 경우), 직장, 교회나 그 밖에서의 사역이 있다. 이러한 영역을 함께 다루고 좋은 질문을 던지며 사람들을 말씀으로 인도하는 것은 하나님이 다른 사람을 영적으로 성장시키기 위해 사용하시는 방법이다.

이를 위한 구체적인 방법은 성경책이나 기독교 서적을 함께 읽고 토론하는 것이다. 개인적으로 기도에 관한 책인 D. A. 카슨의 『바울의 기도』(Praying with Paul)[5]를 진심으로 추천한다. 그리고 지금 당신이 읽고 있는 이 책에서 각 장마다 제시한 질문들을 활용해 대화를 이어 나갈 수도 있다.

어떤 방법을 사용하든 제자훈련은 전략적으로 일하고 싶은 모든 사람에게 반드시 필요한 기술이다. 그리고 세속적인 직업을 가지고 있으면서 제자훈련을 하는 것은 해외에 나가기 전에 교회와 가정에서의 책임, 직장에서의 사역 간 균형을 맞추는 방법을 배우게 해 준다.

---

[5] D. A. Carson, *A Call to Spiritual Reformation: Priorities from Paul and His Prayers* (Grand Rapids: Baker Academic, 1992).

건강한 교회를 세우라

건강한 교회, 성장하는 교회는 복음을 전하는 가장 좋은 수단이 된다. 따라서 건강한 교회를 세우고 회복시키는 일에 참여하는 것은 지상대명령에 의미 있게 동참하는 최고의 방법이다. 당신이 국제적으로 무언가를 하고자 할 때 '전략적으로 일하기' 원한다면 교회의 일부가 되어야 할 것이다. 이를 위한 실제적인 방법 중 몇 가지를 소개하겠다.

첫째, 전도적 에너지를 불어넣어 훈련으로 이어지게 하라. 당신이 전도를 실천하고 다른 사람들에게 그 방법을 가르치면서 모범을 보이면 가능하다. 전도 방법이나 도구를 배우고, 비그리스도인을 위해 기도하며 그들에게 다가가도록 교회를 격려하라.

둘째, 당신이 성숙한 그리스도인이라면 건강하지 않은 교회를 위해 노력할 의도로 그 교회에 합류할 것을 고려하라. 만약 그 교회가 제자훈련 문화를 가지고 있지 않다면 주도적으로 다른 사람을 제자훈련 하라. 만약 그 교회가 교제에 어려움을 겪고 있다면 당신이 어떻게 모범을 보일 수 있을지 고민하라. 그러나 당신이 할 수 있는 일에는 한계가 있음을 기억하라.

모든 건강하지 않은 교회에 적용되는 이야기는 아니지만, 그런 교회가 건강하게 성장하도록 돕는 일은 시간이 지남에 따라 복음을 확산시키는 일로 이어진다.

셋째, 당신이 신학적 또는 목회적 훈련을 받았다면 목회자, 소그룹 리더, 찬양 인도자, 여성 리더에게 어떻게 투자할 수 있을지 고민해 보라. 교회가 성장하려면 경건하고 자격을 갖춘 지도자가 필요하다. 그러므로 교회 리더들과 시간을 보내거나 좋은 책을 추천하며 그들에게 투자하라. 나는 교회 리더들에게 콜린 마셜과 토니 페인의 『트렐리스와 포도나무』(The Trellis and the Vine)[6]를 추천하곤 한다.

틈새를 추구하라

기존 교회에 투자하는 것이 '전략적으로 일하기'의 한 가지 방법이라면, 또 다른 방법은 교회가 아직 존재하지 않는 곳에 시간과 에너지를 투자하는 것이다. 당신이 도시로 이주하면 기존 교회들을 찾을 가능성이 높다. 그러나 교회가 존재하는 거의 모든 지역에도 '복음의 틈새'가 있다.

복음의 틈새란, 복음이 희미하거나 복음을 아예 찾아볼 수 없는 집단이나 장소를 가리킨다. 이는 빈민가나 도시의 전문직 종사자들과 같은 특정한 사회 경제적 계층 또는 워싱턴 D.C.의 에티오피아인들과 같은 특정 민족 집단에서 찾아볼 수 있다.

---

6) Colin Marshall and Tony Payne, *The Trellis and the Vine: The Ministry Mind-Shift That Changes Everything* (Kingsford, AUS: Matthias Media, 2009).

이러한 틈새에서는 교회와의 자연스러운 가족적, 사회적, 문화적 연결이 존재하지 않을 수 있다. 복음이 전파되어야 하는 곳은 바로 이러한 틈새이며, 누군가가 계획적으로 복음을 전해야 한다. 예를 들어 당신이 워싱턴 D.C.에 살고 있다면, 교회 내의 에티오피아인들이나 지역 내의 에티오피아 교회와 협력하여 의도적으로 에티오피아인들을 만나는 사역을 할 수 있다. 어떤 방식을 사용하든 당신은 복음의 틈새에 복음을 전하기 위한 계획적 사역에 동참할 수 있다.

당신의 직업과 삶을 활용하라

우리가 살펴본 네 가지 곧 지역 교회에 의미 있게 참여하고, 제자를 삼고, 건강한 교회를 세우고, 복음의 틈새로 나아가는 것은 '전략적으로 일하기' 원하는 모든 사람에게 기초가 된다. 이러한 일들은 언제 어디서든 실천할 수 있다. 그러나 당신이 지금 이런 일들을 하고 있지 않다면 새로운 환경에서 이런 일들을 하기는 더욱 어려울 것이다.

덴버에 살면서 이런 사역들을 하고 있지 않다면 두바이로 간다고 이런 일을 시작하게 되지는 않는다. 결국 데이비드 플랫이 말했듯, 단순히 장소를 바꿈으로써 찾아오는 변화는 없다. 그러므로 당신이 아직 이런 삶을 살고 있지 않다면 바로 오늘부터 시작하라! 하나님은 교회 공동체와 어려운 세상에서 자신의 삶을 살아가는 평범한 그리스도인들을 사용하기 원하신다.

그러나 이미 당신의 자리에서 이것들을 충실하게 실천하고 있다면, 익숙하고 편안한 환경을 떠나 열방 가운데로 나아갈 것을 진지하게 고려하라. 당신의 직업을 버리는 대신 그것을 계속해서 탁월하고 전략적으로 활용할 수 있는 곳을 찾아보라. 결국 하나님은 복음을 전하기 위해 제자를 삼고 관계적, 문화적 경계를 의도적으로 넘나드는 충실한 그리스도인들을 사용하신다. 그리고 당신은 이러한 사람들 중 한 명이 될 수 있다.

충실하고 열매 맺는 그리스도인에게 나쁜 선택지는 없다. "탁월하게 그리고 전략적으로 일하라"라는 이야기의 핵심을 다음 두 가지로 정리하며 이야기를 마치고자 한다. (1)하나님이 당신을 두신 자리에서, 그분이 주신 기회를 따라 신실하게 살아가라. (2)가능하다면 복음이 확산되는 곳에 자신을 심음으로써 어떻게 더 많은 열매를 맺을 수 있을지 고민하라.

사명선언문

너희가 흠이 없고 순전하여……세상에서 그들 가운데 빛들로
나타내며 생명의 말씀을 밝혀 _ 빌 2:15-16

1. 생명을 담겠습니다
만드는 책에 주님 주신 생명을 담겠습니다.
그 책으로 복음을 선포하겠습니다.

2. 말씀을 밝히겠습니다
생명의 근본은 말씀입니다.
말씀을 밝혀 성도와 교회의 성장을 돕겠습니다.

3. 빛이 되겠습니다
시대와 영혼의 어두움을 밝혀 주님 앞으로 이끄는
빛이 되는 책을 만들겠습니다.

4. 순전히 행하겠습니다
책을 만들고 전하는 일과 경영하는 일에 부끄러움이 없는
정직함으로 행하겠습니다.

5. 끝까지 전파하겠습니다
모든 사람에게, 땅 끝까지, 주님 오시는 그날까지
복음을 전하는 사명을 다하겠습니다.

서점 안내

광화문점	서울시 종로구 새문안로 69 구세군회관 1층 02)737-2288 / 02)737-4623(F)
강남점	서울시 서초구 신반포로 177 반포쇼핑타운 3동 2층 02)595-1211 / 02)595-3549(F)
구로점	서울시 동작구 시흥대로 602, 3층 302호 02)858-8744 / 02)838-0653(F)
노원점	서울시 노원구 동일로 1366 삼봉빌딩 지하 1층 02)938-7979 / 02)3391-6169(F)
일산점	경기도 고양시 일산서구 중앙로 1391 레이크타운 지하 1층 031)916-8787 / 031)916-8788(F)
의정부점	경기도 의정부시 청사로47번길 12 성산타워 3층 031)845-0600 / 031)852-6930(F)
인터넷서점	www.lifebook.co.kr